Stefanie Schindler

Green Family Guide

humboldt

*Für meine Töchter.
Ihr seid der Grund,
warum ich dieses Buch schreibe.*

INHALT

Herzlich willkommen im Green Family Guide 6
Das bringt euch ein nachhaltiges Leben 7
So kommst du mit diesem Buch ins Machen 9
Wer schreibt hier überhaupt? 11

Euer Weg zum Green Family Life

Deine Green Family Vision 14
Finde dein persönliches Warum 15

So überzeugst du deine Familie 16
Vorteile eures nachhaltigen Familienlebens 17
So holst du deine Kinder mit an Bord 20
Wenn der Zweifel anklopft 21
Wissen für Kids: Klimawandel-Know-how 23

Los geht's: Quick Starts in euer grünes Leben 28
Setzt euch ein erreichbares Ziel 28
10 einfache Ideen zum Loslegen 29
Big Points: Große Schritte für große Veränderungen 30
Lasst euch von anderen inspirieren 31

Dein Green Family Guide

Nachhaltige Ernährung im Familienalltag 34
Bewusstsein schaffen 35
Verschwendung vermeiden und Geld sparen 37
Grüne Ernährungstipps für euren Familienalltag 38
Wissen für Kids: Green Food Facts 53

Konsum in der Green Family Edition — 62

- Euer Konsum unter der Lupe — 62
- Nachhaltig konsumieren im Familienalltag — 66
- Umweltsiegel für Kleidung und Produkte — 77
- **Wissen für Kids:** Konsum-Check — 82

Familienmüll vermeiden und richtig trennen — 84

- Auf Plastik verzichten — 85
- Müll richtig trennen — 85
- Grüne Tipps fürs Familienmüll-Management — 93
- **Wissen für Kids:** Alles Müll, oder was? — 99

Grün unterwegs: Nachhaltige Mobilität für Familien — 104

- Gute Gründe, auf das Auto zu verzichten — 104
- Grüne Mobiltätstipps für Familien — 108
- **Wissen für Kids:** Grünes Mobilitätswissen — 114

Das Green Family Badezimmer — 116

- Das eigene Verhalten reflektieren — 116
- Gesunde Pflege oder gruselige Fakten? — 117
- Alles im grünen Badezimmerbereich: Tipps für den Familienalltag — 120
- Nachhaltig putzen. So geht's. — 124

Energie und Wasser im Familienalltag sparen — 126

- Tipps für einen grünen Energie- und Wasserverbrauch — 126
- **Wissen für Kids:** Der Energie-Wissens-Check — 136

Gemeinsam für eine bessere Welt einstehen — 138

- Offline-Ideen für Familien — 138
- Online-Ideen für Familien — 141
- Offline-Ideen mit dem Internet verknüpfen — 143
- **Wissen für Kids:** Gemeinsam für die Umwelt einstehen — 144

Familienfeste feiern: Bunt, lustig, nachhaltig — 146

- Feste richtig feiern — 146
- Grüne Geschenkideen — 148
- Eine nachhaltige Geburtstagsparty schmeißen — 152

Als Familie aktiv die Natur schützen — 156
- Auf ins Mikroabenteuer 157
- Hobbygärtnern mit Kindern, aber richtig 162
- **Wissen für Kids:** Naturschutz leicht erklärt 169

Reisen grün denken: Der nachhaltige Familienurlaub — 171
- Die große Urlaubs-Familienkonferenz 172
- Das bedeutet nachhaltiges Reisen 173
- Nachhaltige Urlaubs-Tipps für Familien 175
- Grüne Unterkünfte buchen 178
- Nachhaltig im Urlaubsland 180
- Nachhaltig packen für den Urlaub 181

So könnt ihr dranbleiben

Wenn die Lust auf Nachhaltigkeit nachlässt — 184
- Entspannt bleiben und Kompromisse finden 185
- Miteinander reden und Spaß haben 185

Apps für deinen grünen Alltag — 186
- Nachhaltig essen 186
- Nachhaltig konsumieren 187

Gut kontern und Mut machen — 188
- Skeptikern sicher antworten 189
- Sei ein gutes Vorbild 194
- Ängste erkennen, Mut machen 195

Alles auf einen Blick: 200 Green Family Tipps — 197

Danke, dass du dein Bestes gibst — 205

HERZLICH WILLKOMMEN IM GREEN FAMILY GUIDE

Hey! Toll, dass du dieses Buch in deinen Händen hältst und dass du Lust hast, einen nachhaltigen Lebensstil mit deiner Familie auszuprobieren. Ich verspreche dir, dass die Tipps in diesem Buch garantiert familienalltagstauglich sind und dass Nachhaltigkeit wenig mit Einschränkungen zu tun hat.

Lass mich an dieser Stelle so viel verraten: Durch ein grünes Leben schützt du nicht nur Umwelt und Klima. Du sparst Geld, du lebst gesünder und du schenkst dir und deiner Familie das vielleicht Wertvollste, das ihr habt: gemeinsame Zeit.

Doch wie beginnt man ein Buch mit dem Thema Nachhaltigkeit im Familienalltag? Wie schlägt man die Brücke zwischen der unaufhaltsamen und beängstigenden Klimakrise und locker leichten Mitmach-Ideen, die im Idealfall Spaß machen sollen? Wie überzeugt man gerade Familien, die ohnehin wenig Zeit haben in ihrem vollen Familienalltag?

Ich habe eine simple Antwort auf diese Fragen gefunden. Ich fange einfach an und halte mich weder mit düsteren Prognosen noch mit erdrückenden Fakten auf. Beides vermittelt uns den Eindruck, wir könnten ohnehin nichts bewirken. Vielleicht kennst du dieses lähmende Gefühl?

Du hast dieses Buch gekauft, also willst du etwas ändern. Du hast verstanden, dass die Kinder und Jugendlichen von heute die Folgen unserer aktuellen Entscheidungen zu spüren bekommen. Du hast Lust, in Lösungen zu denken. Das ist fantastisch.

Ich helfe dir, das Thema Nachhaltigkeit mit alltagstauglichen Veränderungen quer durch euer Familienleben anzugehen. Einen erhobenen Zeigerfinger findest du in diesem Buch nicht, dafür praktische Tipps und Mitmach-Ideen für Kinder. Du wirst sehen, dass ein nachhaltiges Leben Spaß macht, Leichtigkeit in den Familienalltag bringt und sogar Geld spart.

Das bringt euch ein nachhaltiges Leben

Unsere globale Welt ist vernetzt. Wie wir uns verhalten und was wir konsumieren, hat somit immer eine Auswirkung. Wer nachhaltig lebt, der trifft Entscheidungen so, dass sie nicht zu Lasten der Umwelt fallen und sozial verträglich sind.

> **ES IST NICHT WICHTIG, PERFEKT ZU SEIN**
>
> Es ist unmöglich, alle komplexen Zusammenhänge unserer Welt zu verstehen. Aus diesem Grund kannst du nie alle Auswirkungen einer Entscheidung kennen. Du wirst manchmal nicht wissen, ob du diese im Sinne der Nachhaltigkeit getroffen hast. Darum geht es bei einem grünen Leben auch gar nicht. Es geht nicht darum, sich perfekt nachhaltig zu verhalten. Es geht darum, den ersten Schritt in die richtige Richtung zu tun, dann den nächsten und dann noch einen.

Die gute Nachricht ist, dass es immer einfacher wird, ein nachhaltiges Leben zu führen. Es ist noch gar nicht so lange her, da galten Vegetarier*innen als Exoten und über Veganismus wusste man wenig. Heute werden die Angebote für diese Ernährungsformen sowohl beim Einkauf als auch in Restaurants vielfältiger und kreativer. Es gibt Siegel mit klaren Richtlinien, die das Erkennen von echten nachhaltigen Produkten erleichtern. Der Nah- und Regionalverkehr wird durch Ticket-Aktionen immer häufiger zu einer günstigen Alternative für das Auto. Mit einem Fahrrad-Leasing lassen sich Lastenfahrräder für Familien finanzieren und Mehrwegprodukte erobern die Regale in den Drogerien.

In den Köpfen vieler Menschen hat sich der Glaubenssatz festgesetzt, dass ein nachhaltiges Leben mit Einschränkungen verbunden ist und Verzicht bedeutet. Das stimmt nicht immer. Wer grün denkt, der fängt an, ganz bewusst zu konsumieren, Dinge zu hinterfragen und sich bei Kaufentscheidungen für die nachhaltigere Variante zu entscheiden.

Beim Lesen dieses Buches und beim Umsetzen der Tipps wirst du sehen, wie positiv die Veränderungen eines grünen Lebensstils für dich und deine Kinder sind. Durch bewusste Kaufentscheidungen sparst du Geld und eine nachhaltige Familienküche führt zu einer gesunden Ernährung. Ein Nachmittag in der Natur schenkt euch gemeinsame Zeit und die umweltbewusste Party wird laut und lustig, ganz ohne Verschwendung. Du lebst nach deinen nachhaltigen Werten und bist dadurch zufriedener. Und ganz nebenbei schützen all diese Vorteile die Umwelt und das Klima.

So kommst du mit diesem Buch ins Machen

Mein Green Family Guide hilft dir, ins Machen zu kommen. Er enthält über 200 alltagstaugliche Tipps und Mitmach-Ideen, die sich in jeden Familienalltag integrieren lassen. Was du in diesem Buch nicht findest, sind trockene oder angstmachende Klima-Fakten, angereichert mit großen Zahlen, die unsere Gehirne nachweislich nicht erfassen können. Selbstverständlich schreibe auch ich an verschiedenen Stellen über die CO_2-Bilanz von Produkten und den ökologischen Fußabdruck unseres Handelns.

Die Stars dieses Buches bleiben aber die praktischen Ideen für einen grünen Lebensstil, die in zehn Bereiche unterteilt sind:
1. Nachhaltige Ernährung im Familienalltag
2. Konsum in der Green Family Edition
3. Familienmüll vermeiden und richtig trennen
4. Grün unterwegs: Nachhaltige Mobilität für Familien
5. Das Green Family Badezimmer
6. Energie und Wasser im Familienalltag sparen
7. Gemeinsam für eine bessere Welt einstehen
8. Familienfeste feiern: Bunt, lustig, nachhaltig
9. Als Familie aktiv die Natur schützen
10. Reisen grün denken: Der nachhaltige Familienurlaub

Das Kapitel → „So überzeugst du deine Familie" liefert dir gute Argumente, um alle Familienmitglieder mit an Bord zu holen. Sollten dennoch Bedenken an der Sinnhaftigkeit der geplanten Veränderungen geäußert werden, findest du außerdem Motivationsideen für alle Zweifler und eine Starthilfe, falls du vor lauter Tatendrang nicht weißt, wo du anfangen sollst.

Wir Eltern gehen als gute Vorbilder voran. Damit die grünen Veränderungen aber zu neuen Gewohnheiten werden, lohnt es sich, die Kinder immer wieder ganz bewusst miteinzubeziehen. Deshalb gibt es in diesem Buch neben den Mitmach-Ideen für Kinder auch kindgerechte Erklärungen zu den wichtigsten Fragen rund um das Thema Nachhaltigkeit. Deine Kinder werden, je nach Alter und Thema, ganz sicher eine Menge Fragen haben, und es lohnt sich, mit ihnen in den Dialog zu gehen. Diese → „Wissen-für-Kids"-Abschnitte habe ich so geschrieben, dass du sie deinen Kindern vorlesen kannst. Damit du sie leicht findest, sind sie im Buch durch einen grünen Rahmen gekennzeichnet. Die „Wissen-für-Kids"-Abschnitte und Mitmach-Ideen sind für Kinder von ca. 4 bis 10 Jahren geeignet.

Wie schaffst du es, Skeptikern aus eurem Umfeld sicher zu antworten und zu erkennen, wann deinen Kindern das Thema Nachhaltigkeit Angst macht? Wie hilft dir dein Smartphone, einen grünen Alltag zu etablieren? Antworten auf diese Fragen findest du in dem Kapitel → „So könnt ihr dranbleiben".
Eine Übersicht mit 200 Tipps für einen nachhaltigen Familien-Lebensstil gibt es in dem Kapitel → „Alles auf einen Blick: 200 Green Family Tipps" am Ende dieses Ratgebers.

Jeder einzelne Schritt in Richtung eines grünen Lebens zählt. Du musst nicht alle Ideen in diesem Buch umsetzen. Mir ist es wichtig, dass du erkennst, dass auch kleine Schritte eine Veränderung erzielen können. Dieses Buch erleichtert dir diese ersten Schritte. Es macht dir Mut, als gutes Vorbild voranzugehen, denn Vorbilder und positives Denken braucht es gerade.

> **DER ZUSCHAUEREFFEKT**
> Viele lehnen sich zurück und schauen erst einmal, was die anderen so machen. Das nennt sich „Zuschauereffekt" und ist beim Thema Nachhaltigkeit besonders ausgeprägt und fatal. Unterschätze nicht die Wirkung, die es haben kann, wenn du deiner Familie, deinen Freund*innen, Bekannten und vor allen Dingen deinen Kindern Nachhaltigkeit vorlebst. Bist du dabei?

Wer schreibt hier überhaupt?

Hey, ich bin Steffi. Ich bin Autorin, Bloggerin, Frischluftsüchtige, Bergliebhaberin und Zweifachmama. Falls du dich jetzt fragst, wie es kommt, dass ausgerechnet ich einen Ratgeber über Nachhaltigkeit für Familien schreibe, so ist die Antwort denkbar einfach: Wer die Natur so sehr liebt wie ich, der kann gar nicht anders, als ein grünes Leben in den Familienalltag zu integrieren. Wir haben nur eine Erde und sie ist unser Zuhause.

Bin ich eine „Öko-Tante"? Gute Frage. Der Begriff „Öko" braucht meiner Meinung nach ein neues Image. Noch immer wird er leicht abfällig, leicht belächelnd benutzt. Vielleicht liegt es daran, dass viele Menschen noch nicht begriffen haben, wie spannend Nachhaltigkeit ist. Wie gut es tut, weniger zu kaufen und dafür das Richtige. Wie viel Zeit und Geld ein nachhaltiges Konsumverhalten spart. Wie viel Spaß es macht, mit seinen Kindern einen grünen Weg zu gehen. Wie wichtig es ist, Dinge kritisch zu hinterfragen und aktiv etwas zu verändern, statt einfach nur zuzuschauen und die anderen machen zu lassen.

Du kannst mich „Öko-Tante" nennen oder auch nicht. Im Grunde bin ich aber einfach eine Mutter von zwei Kindern, die sich Gedanken um die Zukunft dieses Planeten macht.

Die Klimakrise ist ein komplexes Thema, denn die Welt ist global und vernetzt. Die richtigen Entscheidungen zu treffen und die Folgen abzuschätzen, erscheint mitunter unmöglich. Aber ist es wirklich so schwer? Ich sage klar *„Nein!"* Und genau deshalb gibt es dieses Buch. Fang einfach an! Los geht's.

Euer Weg zum Green Family Life

Deine Green Family Vision
S. 14–15

**So überzeugst
du deine Familie**
S. 16–27

**Los geht's: Quick Starts
in euer grünes Leben**
S. 28–31

DEINE GREEN FAMILY VISION

„Eigentlich habe ich gar keine Zeit und außerdem möchte ich nicht als Öko-Tante gelten." Sind das Bedenken, die dir im Kopf herumschwirren, wenn du die Veränderungen zu einem nachhaltigen Leben betrachtest? Dann brauchst du selbst noch einen kleinen Überzeugungskick. Ein Ziel, das dich antreibt und das dich motiviert.

Nachhaltigkeit ist kein weiterer Punkt auf deiner To-Do-Liste. Es geht nicht darum, möglichst schnell, akribisch und vollständig alle Ideen in diesem Buch umzusetzen. Schau dir diesen Ratgeber durch und suche dir die Tipps heraus, die für dich aktuell leicht umsetzbar sind oder dir den größten persönlichen Nutzen bringen.

Ganz gleich, womit du anfängst, wie viel du anders machst und was dein persönlicher Anreiz ist, bereits nach wenigen Veränderungen wirst du merken, dass du zufriedener bist. Warum ist das so? Wer nach seinen Werten lebt und seine Zeit sinnvoll nutzt, der geht zufriedener durchs Leben.

Und was das Öko-Tanten-Klischee anbelangt: Ein grünes Leben sieht man dir nicht an der Nasenspitze an. Du kannst darüber sprechen, du musst es aber nicht.

Finde dein persönliches Warum

Mit einem klaren Warum fällt es dir viel leichter, hinter deinen Entscheidungen zu stehen und die Tipps in diesem Buch umzusetzen. Am besten schreibst du dir die Gründe, warum dir ganz persönlich ein nachhaltiges Leben wichtig ist, auf. Bei mir sähe das zum Beispiel so aus:

Ich möchte ein nachhaltiges Leben führen, damit ich ...
- Geld spare.
- weniger Dinge kaufe, die ich gar nicht brauche.
- nach meinen Werten leben kann.
- mit meiner Familie gesünder esse.
- Spritkosten spare.
- den Kindern ein gutes Vorbild bin.
- meinen Beitrag zum Schutz des Klimas leisten kann.
- mehr über das Thema Nachhaltigkeit lerne.
- nicht tatenlos zusehen muss/aktiv werden kann.
- mehr Zeit mit meinen Kindern verbringen kann.
- weniger Dinge besitze.

Sicherlich fallen dir weitere gute Gründe ein.

Ein grünes Leben ist kein Verzicht. Es ist in vielen Bereichen nicht einmal eine große Umstellung, sondern eine grundsätzliche Einstellung, mit der sich viel leichter nachhaltige Entscheidungen treffen lassen. Eine Einstellung, die viel mehr positives Potenzial birgt, als du bis jetzt denkst.

SO ÜBERZEUGST DU DEINE FAMILIE

Du hast dieses Buch gekauft, weil du nachhaltiger leben möchtest. Diese Entscheidung wird den Alltag deiner Familie verändern und du stellst dir sicherlich folgende Fragen: „Was wird meine Familie sagen, wenn ich in Zukunft umweltbewusster leben möchte? Wie schaffen wir es, gemeinsam unseren Alltag zu verändern?" Meine Antwort: „Indem du die Vorteile kennst, die ein nachhaltiges Familienleben mit sich bringt."

„Ich will aber nichts verändern."

Wenn sich dein*e Partner*in nicht gerade positiv über deine Pläne zu einem nachhaltigen Familienleben äußert, dann ist in erster Linie Verständnis statt Augenrollen angebracht.

Veränderungen verursachen bei vielen Menschen ein unangenehmes Gefühl und ein grünes Leben wird nach wie vor mit persönlichen Nachteilen assoziiert. Eine Aussage wie *„Du, ich möchte unseren Familienalltag in Zukunft nachhaltiger gestalten"*, ist für dein Gegenüber wenig greifbar. Vor allem dann, wenn er bzw. sie sich noch keine Gedanken über das Thema gemacht hat.

DIE KLIMAKRISE UND UNSERE GEHIRNE

„Gutes für Umwelt und Klima tun" ist für die wenigsten Menschen ein Anreiz, nachhaltiger zu leben. Wir alle wissen, dass wir in einer Klimakrise stecken, von deren Folgen vor allem unsere Kinder ganz konkret betroffen sein werden. Dennoch schätzen wir Menschen die Zeit, wie schnell die Krise an unsere eigene Haustür klopfen wird, falsch ein. Unsere Gehirne haben kein gutes Zeitgefühl, sie sind generell zu optimistisch, verstehen große Zahlen eher schlecht und ignorieren gerne Tatsachen. Noch dazu schauen wir erst einmal, was die anderen so machen. Darauf können wir allerdings nicht mehr warten.

Vorteile eures nachhaltigen Familienlebens

Die meisten Menschen brauchen konkrete Vorteile, wenn sie ihren Alltag verändern sollen. Sie müssen ihren persönlichen Nutzen kennen. Welche Vorteile hat ein bewusst nachhaltiges Familienleben also?

Ein nachhaltiger Lebensstil spart Geld

Geld sparen ist ein klasse Argument in der familieninternen Nachhaltigkeitsdebatte, denn wer möchte nicht über mehr Geld verfügen. Wie soll das mit dem Geld sparen allerdings funktionieren, *Bio* ist doch immer so teuer? Das mag sein, der Kauf von Bio-Produkten ist allerdings nur ein Teil des Nachhaltigkeits-Puzzles. Wer seinen Konsum generell überdenkt und nur kauft, was er braucht, der wird in jedem Fall Geld sparen. Wer darauf achtet, den Verbrauch von Wasser, Energie und Spritkosten zu reduzieren, der gibt weniger aus. Wiederverwendbare Produkte, weniger Lebensmittelverschwendung und nachhaltige Geschenkideen entlasten den Geldbeutel zusätzlich.

Das Argument *Geld sparen* wird sich durch alle Tipps und Themenbereiche in diesem Buch ziehen, denn es gibt eine simple Entscheidung, die immer Gültigkeit hat: Weniger Konsum spart Geld und ist nachhaltig.

Ein grünes Leben ist gut für die Gesundheit

Mit frischen Zutaten selbst zu kochen, Fertigprodukte aus dem Speiseplan zu verbannen und weniger Fleisch zu essen, ist nachweislich gut für die Gesundheit. Das Auto stehen zu lassen und sich stattdessen auf dem Fahrrad zu bewegen, hat nicht nur positive Auswirkungen auf das Klima, sondern auch auf die eigene Fitness. Mit dem Kauf von Bio-Lebensmitteln wird eine ökologische Landwirtschaft unterstützt, die das Klima, unsere Böden und damit unser Wasser schützt. Wer grüner lebt, der lebt gesünder, und Gesundheit wünschen wir uns nicht nur für uns selbst, sondern auch für unsere Kinder.

Nachhaltigkeit bedeutet mehr gemeinsame Zeit

Der Zusammenhang zwischen einem nachhaltigen Lebensstil und mehr gemeinsamer Zeit mit den Kindern erscheint nicht gerade offensichtlich. Durch die Mitmach-Ideen in diesem Buch werdet ihr als Familie mehr Zeit zusammen verbringen: in der Natur, beim Einkaufen, Kochen, Backen, Gärtnern oder Müllsammeln. In vielen Familien haben sich daraus bereits wunderschöne Rituale entwickelt. Wer möchte nicht mehr Zeit mit seinen Kindern verbringen, wenn sie noch jung und begeisterungsfähig sind.

Kinder lernen, Dinge kritisch zu hinterfragen

Sicherlich hast du im Alltag mit deinen Kindern schon ab und zu Sätze wie *„Jetzt denk doch einmal mit"* oder auch *„Hast du nicht nachgefragt, als du es nicht verstanden hast?"* gesagt oder gedacht.

Wir Erwachsenen sind für Kinder allwissend. In ihren Augen kennen wir jede Antwort, machen nie Fehler und stellen, wenn überhaupt, dann nur unserem Telefon Fragen. Dabei wünschen wir Eltern uns, dass unsere Kinder lernen zu hinterfragen und kritisch zu denken. Diese Eigenschaften kannst du ihnen auf eurer Reise hin zu einem nachhaltigeren Alltag vorleben. Du nimmst sie mit, indem ihr im Dialog bleibt. Ihr fragt euch gemeinsam, was ihr ändern wollt, warum eine Entscheidung nachhaltig ist und welche Lösungen euch dazu einfallen.

Wir hinterlassen eine saubere und intakte Natur

Diese Erde ist unser Zuhause. Unsere Welt hört nicht an der eigenen Wohnungstür auf. Nein, dort beginnt sie erst. Wenn wir auch in Zukunft saubere Luft atmen, gesunde Wälder besuchen und klares Wasser trinken möchten, dann führt kein Weg daran vorbei, unseren Beitrag zu leisten, um unseren Kindern eine intakte Natur zu hinterlassen.

Eine wichtige Vorbildrolle einnehmen

Wir Eltern sind Vorbilder für unsere Kinder. Das ist ein Argument, das Überzeugungskraft haben kann. Vielleicht sogar mehr, als du denkst, denn den wenigsten Eltern ist es egal, was ihre Kinder in ihnen sehen. Gehe als gutes Vorbild voran und integriere das Thema Nachhaltigkeit immer mehr in euren Familienalltag, triff umweltbewusste Entscheidungen und mache dir Gedanken über die Klimakrise. Kinder lernen durch gute Vorbilder.

GUTE VORBILDER ZEIGEN WIRKUNG
Eine Sache ist spannend. Die meisten Menschen handeln umweltfreundlicher, wenn auch jemand aus ihrem Umfeld seine Entscheidungen nach nachhaltigen Aspekten fällt, denn gute Vorbilder geben Orientierung und motivieren uns. Du kannst dieses Vorbild sein.

So holst du deine Kinder mit an Bord

„Kinder kommt, wir müssen über Nachhaltigkeit sprechen."

Gut, ganz so zusammenhangslos würde ich nicht an das Thema rangehen. Musst du auch gar nicht, denn Kinder stellen ohnehin viele Fragen. Wenn du dieses Buch durchblätterst und einen Bereich gefunden hast, in dem du die ersten, konkreten Veränderungen umsetzen willst, dann beziehe die Kinder direkt mit ein. Die Mitmach-Ideen, die kindgerechten Erklärungen auf viele Nachhaltigkeitsfragen in den Wissen-für-Kids-Abschnitten und die Tipps, wie du mit den Kindern in den Dialog kommen kannst, helfen dir dabei.

Vor allem jüngere Kinder lernen außerdem ganz einfach durch Zuschauen. Mache dir diesen Umstand zunutze und lebe ihnen vor, wie du Nachhaltigkeit in den Familienalltag holst.

Wenn der Zweifel anklopft

Wer ein nachhaltiges Leben in seinen Familienalltag integrieren möchte, bei dem wird irgendwann der Zweifel an die Tür klopfen und mit dem Satz *„Das bringt doch alles nichts"* um Einlass bitten. Öffne ihm gerne die Türe und höre dir seine Bedenken an. Lass ihn aber nicht rein, damit er es sich gemütlich macht.

Wir sind nicht allein

„Das bringt doch alles nichts", wird der Zweifler unter den Familienmitgliedern anmerken. Durch die Medien, die uns täglich mit erschreckenden Tatsachen über die Klimakrise informieren, bekommt er mit seinen Bedenken die nötige Rückendeckung. Das kannst du erwidern:

> „Ja, es sieht nicht gerade rosig aus, aber sehr viele Menschen arbeiten daran, die Erde zu retten, und ich finde es wichtig, dass auch wir unseren Beitrag dazu leisten."

Die gute Nachricht ist doch, dass jeder genau jetzt etwas tun kann. Niemand erwartet, dass Familien nachhaltiger leben und damit allein die Welt retten. Die Coronapandemie hat außerdem gezeigt, dass wir in der Lage sind, uns zu verändern, nicht nur an uns selbst zu denken und uns gegenseitig zu helfen. Ein wunderschöner Gedanke.

Nichts tun ist auch keine Option

Mache deinen Familienmitgliedern klar, dass wir nicht einfach abwarten können, bis die anderen tätig werden. Das passiert derzeit viel zu oft und ist tatsächlich eine der größten Herausforderungen der Klimakrise.

> **DIE KOGNITIVE DISSONANZ KENNEN**
>
> Als kognitive Dissonanz wird in der Psychologie ein unangenehmer Gefühlszustand bezeichnet. Dieser wird dadurch hervorgerufen, dass wir uns wider besseres Wissen verhalten. Beispiel: Dir ist die Umwelt wichtig, du fährst trotzdem mit dem Auto zur Arbeit und hast ein ungutes Gefühl dabei.
>
> Damit wir dieses Gefühl nicht länger aushalten müssen, werden unsere Gehirne Fakten ignorieren und passende Ausreden liefern, die diese Gefühle abschwächen. Immerhin hat es leicht geregnet und du hättest dir auf dem Fahrrad sicherlich eine Erkältung zugezogen.
>
> Kognitive Dissonanzen sind normal und werden dir auch beim Thema Nachhaltigkeit immer wieder begegnen. Es ist überaus spannend, dieses Gefühl einordnen zu können und sein eigenes Verhalten mit diesem Wissen zu hinterfragen.

Schaut gemeinsam auf das Positive

Wer zweifelt, kann sich auf das Positive konzentrieren. Überlegt gemeinsam, was euch euer nachhaltiger Lebensstil bis jetzt gebracht hat. Habt ihr durch ihn Geld gespart? Verbringt ihr mehr Zeit zusammen? Fühlt ihr euch zufriedener?

Ihr könnt zudem überlegen, in wie vielen Bereichen ihr bereits einen nachhaltigen Lebensstil umgesetzt habt. Das sind meist mehr grüne Entscheidungen, als ihr denkt, denn auch kleine Veränderungen haben eine Wirkung. Darauf könnt ihr stolz sein.

Wissen für Kids: Klimawandel-Know-how

„Du sag mal, warum müssen wir die Erde schützen und was ist eigentlich Nachhaltigkeit?" Einfache Fragen, deren Beantwortung uns manchmal gar nicht so leichtfällt. Auf den folgenden Seiten findest du einfache Antworten auf Fragen rund um das Thema Nachhaltigkeit. Diese helfen dir dabei, komplexe Sachverhalte kindgerecht zu erklären. Das Kapitel ist so geschrieben, dass du es deinen Kindern vorlesen kannst. Ich finde es wichtig, sich auch schon mit den kleinsten Mitgliedern der Green Family dem Thema Nachhaltigkeit zu nähern. Aus diesem Grund gebe ich dir verschiedene Ideen mit an die Hand, wie ihr gemeinsam in den Dialog gehen könnt. Achte aber darauf, dass die Kinder keine Angst bekommen oder sich Sorgen machen.

Darum müssen wir die Erde schützen

Unsere Erde ist aus dem Gleichgewicht geraten, denn sie wird immer wärmer und schmutziger und wir verbrauchen zu viel von ihren natürlichen Ressourcen wie Holz und Wasser. Wir brauchen aber saubere Luft und sauberes Wasser zum Leben und frische Lebensmittel, die auf ihr wachsen, damit wir etwas zu essen haben. Wir müssen die Erde schützen, damit sie gesund bleibt und Menschen und Tiere weiterhin auf ihr leben können. Eine saubere Erde ist für uns also überlebenswichtig.

> **NACHGEFRAGT: MIT KINDERN IM DIALOG BLEIBEN**
> Überlege mit deinen Kindern, was euch an der Erde bzw. der Natur gefällt. Sammelt spontane Ideen wie die Berge, das Meer, den Frühling, Kastaniensammeln. Malt zusammen ein Bild von eurem Lieblingsplatz draußen oder schmiedet Pläne für eine gemeinsame Aktivität, wie schwimmen, am Meer spazieren, wandern, Herbstblätter sammeln usw.

Das bedeutet Nachhaltigkeit

Nachhaltig leben bedeutet, dass wir nur so viel verbrauchen, wie auch wieder nachwachsen kann. Alles, was wir kaufen, muss hergestellt werden. Dafür brauchen wir nicht nur Energie, sondern auch Rohstoffe wie zum Beispiel Holz, Wasser und Kohle. Wir müssen aufpassen, dass wir diese Rohstoffe nicht zu schnell verbrauchen. Nachhaltigkeit bedeutet außerdem, dass wir unsere Umwelt schützen, damit die Luft und das Wasser sauber bleiben.

Mit einem nachhaltigen Leben können wir die Erde schützen. Wir verhalten uns so, dass sie nicht noch wärmer und schmutziger wird. Es gibt viele verschiedene Dinge, die wir dafür tun können. Ganz viele Ideen findest du in diesem Buch.

> **NACHGEFRAGT: MIT KINDERN IM DIALOG BLEIBEN**
> Hast du schon ältere Kinder, dann frage sie, ob sie selbst Ideen haben, was sie für eine saubere Umwelt tun können. Vielleicht haben sie sich ja bereits in Kita oder Schule mit dem Thema Müll beschäftigt oder haben Ideen, wie ihr Wasser sparen könnt. Vielleicht haben sie Lust, in einem bestimmten Bereich (Essen, Bad, Energie, Müll) Nachhaltigkeit auszuprobieren? Dann schaut euch gemeinsam die dazugehörigen Mitmach-Ideen in diesem Buch an.

Klimawandel und Treibhauseffekt

Das Wetter von vielen tausenden Jahren zusammen heißt Klima. Dieses Klima verändert sich gerade sehr schnell, sodass es auf der Erde immer wärmer wird. So wie wir alle aktuell leben, produzieren wir zu viel von einem Gas, das Kohlenstoffdioxid oder auch CO_2 genannt wird. Dieses Gas bleibt in der Atmosphäre, die unsere Erde umgibt und heizt unsere Luft auf. Diese Erwärmung wird Klimawandel genannt.

Da es auf der gesamten Erde immer wärmer wird, ist sie nicht mehr gesund. Das kannst du zum Beispiel daran erkennen, dass das Wetter extremer wird. Häufig regnet es lange Zeit viel zu wenig und dann viel zu viel innerhalb weniger Stunden, was zu Überschwemmungen führt. Vielleicht hast du auch schon mitbekommen, dass es in vielen Gegenden im Sommer so heiß und trocken ist, dass es zu Waldbränden kommt oder die Eismassen am Nordpol so sehr schmelzen, dass die Eisbären dort nicht mehr leben können.

> **NACHGEFRAGT: MIT KINDERN IM DIALOG BLEIBEN**
> Frage deine Kinder, ob sie selbst schon gemerkt oder gesehen haben, dass die Erde immer wärmer wird bzw. aus dem Gleichgewicht geraten ist. Vielleicht haben sie dazu auch schon etwas im Fernsehen oder Radio aufgeschnappt.

Wir können auf der Erde leben, da sie von einer dünnen Schicht aus Gasen umgeben ist. Das kannst du dir wie eine Hülle vorstellen, die um die ganze Erde gespannt ist. Diese Hülle wird Atmosphäre genannt und sorgt dafür, dass es bei uns angenehm warm ist. Ohne diese Hülle wäre die Erde eine Eiskugel, da die Wärme, die von der Sonne kommt, einfach wieder in den Weltraum verschwinden würde.

Das ist ein bisschen wie bei einem Gewächshaus. Die Sonne scheint durch die Glasscheiben und die Luft wärmt sich auf. Durch das Glas bleibt die warme Luft im Gewächshaus und Pflanzen wie Tomaten oder Erdbeeren beginnen in der Wärme schneller zu wachsen.

**MITMACH-IDEE FÜR KINDER:
MACHT EIN TREIBHAUSEFFEKT-EXPERIMENT**

Ihr braucht zwei kleine Teller, ein Glas und zwei gleich große Eiswürfel. Als Alternative könnt ihr auch zwei Stücke Schokolade nehmen. Legt auf jeden Teller einen Eiswürfel und stellt sie in die Sonne. Über einen der Eiswürfel stülpt ihr das Glas. Die Sonnenstrahlen gehen durch das Glas hindurch und verwandeln sich in Wärme. Ein Teil der Wärme bleibt im Glas, da sie nicht wieder hinauskann, und sorgt dafür, dass der Eiswürfel schneller schmilzt. Die Atmosphäre ist ähnlich wie das Glas. Sie lässt die Sonnenstrahlen durch und behält einen Teil der Wärme, die dadurch entsteht, zurück. Deshalb ist es auf der Erde genau richtig warm, sodass wir auf ihr leben können.

Unser ökologischer Fußabdruck

Der ökologische Fußabdruck gibt an, wie viel Kohlenstoffdioxid, also wie viel CO_2, ein Produkt verbraucht hat. Da das CO_2 dafür verantwortlich ist, dass es auf der Erde immer wärmer wird, müssen wir CO_2 sparen. Da CO_2 ein Gas ist, das wir weder sehen noch riechen können, ist es unglaublich schwer uns vorzustellen, dass es so gefährlich für unsere Erde ist.

Es ist auch für Erwachsene nicht immer einfach, den ökologischen Fußabdruck von jedem Produkt zu kennen. Um nachhaltiger zu leben und die Erde zu schützen, sollten wir einen möglichst kleinen CO_2-Fußabdruck hinterlassen.

Große und kleine CO_2-Fußabdrücke

Ein Produkt mit einem großen ökologischen Fußabdruck ist schlecht für die Erde. Ein langer Transportweg oder eine aufwendige Herstellung sorgen für einen großen Fußabdruck. Aber auch die Entsorgung eines Gegenstandes kann CO_2 verursachen.

Aktuell sind unsere Fußabdrücke viel zu groß. Wie bei einem Riesen. Jede*r von uns verursacht ca. 11 Tonnen CO_2 pro Jahr. Wir alle sollten aber nur einen kleinen Fußabdruck von 1 Tonne CO_2 pro Jahr verbrauchen.

Eine Tonne CO_2 entspricht etwa dem Volumen eines gut 8 Meter hohen Würfels. Oder anders gesagt: 1 Tonne CO_2 passt ungefähr in ein Einfamilienhaus.

DER CO_2-FUSSABDRUCK PRO PERSON IN DEUTSCHLAND
Der durchschnittliche CO_2-Fußabdruck pro Kopf liegt laut Bundesministerium für Umwelt, Naturschutz, nukleare Sicherheit und Verbraucherschutz in Deutschland bei 10,5 Tonnen CO_2 pro Jahr. Wenn wir die Umwelt und das Klima schützen wollen, dann müssen wir einen Fußabdruck von einer Tonne pro Person schaffen.

MITMACH-IDEEN FÜR KINDER:
- Berechnet gemeinsam euren persönlichen ökologischen Fußabdruck. Dazu findet ihr auf der Seite des Umweltbundesamtes einen CO_2-Rechner. Fülle diesen am besten gemeinsam mit deinen Kindern aus, denn sie werden bei den Antworten deine Hilfe benötigen.

 Einen CO_2-Rechner speziell für Kinder z. B. von Brot für die Welt findet ihr unter dem Link www.fussabdruck.de.

- Legt gemeinsam einen Klimaretter-Tag pro Woche fest, an dem ihr eine Idee aus diesem Buch umsetzt.
- CO_2-Quiz: Testet euer CO_2-Wissen und ratet, wie viel CO_2 die folgenden Dinge verursachen:
  Papiertaschentuch: 10 g
  Banane: 80 g
  Päckchen Butter: 2,3 kg
  300 g Hackfleisch: 1,7 kg
  Gurke (ca. 300 g): 0,12 kg
  Apfel (ca. 150 g): 0,05 kg
  1 Liter H-Milch: 1,4 kg
  Packung Nudeln (500 g): 0,25 kg
  Windel: 0,145 kg
  Schuhe: ca. 10 kg
  Jeans: 23,5 kg
  Autofahrt von 10 km: 1,5 kg
  Smartphone: 47 kg

LOS GEHT'S: QUICK STARTS IN EUER GRÜNES LEBEN

Du bist richtig motiviert? Erst einmal ein Hoch auf deinen Tatendrang. Falls du gerade nicht so richtig weißt, wie und wo du am besten anfangen sollst, helfen dir die nächsten Seiten, einen einfachen Einstieg in dein grünes Leben zu finden. Die gute Nachricht ist, dass es richtig viele und simple Ideen gibt, wie du Nachhaltigkeit in euren Familienalltag integrieren kannst. Aller Anfang ist einfach, lass uns loslegen.

Du darfst dir dein Green Family Life gerne einfach machen. Du musst nicht den Anspruch haben, in allen Bereichen von Anfang an perfekt nachhaltig zu leben. Und auch später übrigens nicht. Perfektionismus ist anstrengend, also lass besser gleich die Finger davon. Du musst auch nicht mit einer großen Veränderung starten. Es gibt so viele kleine Stellschrauben, an denen du ganz einfach drehen kannst, ohne dass ihr euren funktionierenden Familienalltag auf den Kopf stellen müsst.

Setzt euch ein erreichbares Ziel

Niemand krempelt von heute auf morgen sein komplettes Familienleben um und trifft durchweg nachhaltige Entscheidungen. Stell dir vor, du verkündest beim Frühstück, dass du heute Nachmittag das Auto verkaufst, die Ernährung auf vegan umstellst und die Flugreise im Sommer storniert hast. Die Gesichter deiner Familie würde ich gerne sehen. Setze dir am Anfang ein leichtes Ziel und versuche nicht, in allen Lebensbereichen gleichzeitig die Nachhaltigkeit einziehen zu lassen.

Du kannst mit einem gemeinsam erstellten Speiseplan starten, um Lebensmittelverschwendung zu vermeiden. Falls dir das nicht einfach genug erscheint, dann verzichte beim Einkauf ab sofort auf die sogenannten Hemdchenbeutel, also die dünnen Plastikbeutel, um Obst und Gemüse zu verpacken. Ersetze dein Duschgel durch feste Seife und schließe die Türen von Zimmern, die im Winter nicht geheizt werden müssen.

10 einfache Ideen zum Loslegen

1. **Ernährung:** Backt einen veganen Kuchen und trinkt Leitungswasser.
2. **Konsum:** Schreibe auf einen Zettel *Brauche ich das wirklich?* und hänge ihn an deinen Kühlschrank. Gehe in die Bücherei, statt die Bücher immer neu zu kaufen.
3. **Verpackungen vermeiden:** Kaufe unverpacktes Obst und Gemüse, wenn es angeboten wird, und vermeide den Kauf von Einwegflaschen.
4. **Aktiv die Natur schützen:** Sammelt in der Natur eine Stunde lang gemeinsam Müll und verbringt einen Nachmittag als Familie im Wald.
5. **Nachhaltige Mobilität:** Überprüfe den Reifendruck eures Autos, um Benzin zu sparen. Macht einen Ausflug mit der Bahn – Kinder lieben Bahnfahrten.
6. **Im Badezimmer:** Ersetze dein Duschgel durch feste Seife und kaufe Zahnbürsten mit Bambusgriffen.

7. **Gemeinsam für eine bessere Welt einstehen:** Melde dich bei nebenan.de an und vernetze dich mit Menschen aus deinem Stadtviertel, um z. B. gebrauchte Kinderkleidung weiterzugeben. Gehe auf einen Flohmarkt.
8. **Energie und Wasser sparen:** Stelle das Wasser ab, während du dich einseifst. Nutze beim Kochen einen Deckel.
9. **Nachhaltig feiern:** Hebe Geschenkpapier und Geschenktüten auf, um sie wiederzuverwenden. Verschenke Zeit statt Zeug.
10. **Grüner Familienurlaub:** Erkundet eure Stadt oder Umgebung mit dem Fahrrad. Spart im Urlaub Wasser, denn viele Regionen leiden im Sommer unter Wassermangel.

Big Points: Große Schritte für große Veränderungen

Der erste Schritt in Richtung deines nachhaltigen Familienlebens ist der Green Family Guide. Er schafft mit seinen Informationen und Tipps ein neues Bewusstsein für das Thema. Nach und nach kannst du einen Tipp nach dem anderen umsetzen.

Viele Tipps in diesem Buch mögen dir vielleicht zu einfach, fast schon zu banal vorkommen. Bei anderen wiederum erscheint dir die tatsächliche Auswirkung auf Umwelt und Natur zu gering?

Ich habe gemerkt, dass wirklich jede Veränderung einen Unterschied macht. Du kannst aber auch direkt mit den sogenannten Big Points starten. Das sind Veränderungen, die einen großen Einfluss auf deinen ökologischen Fußabdruck haben.

- **Fliege weniger** (am besten gar nicht mehr): Urlaubsreisen mit dem Flugzeug sollten die besondere Ausnahme bleiben, statt die Regel. Flüge für eine Familie sind teuer und unglaublich schlecht für die Umwelt. Fahre im Inland grundsätzlich immer Zug oder Fernbus. Ja, auch mit Kindern und Gepäck. Vor allem Europa bie-

tet viele unterschiedliche Reiseerlebnisse, die mit Zug, Bus oder dem eigenen Auto erreicht werden können.
- **Fahr (viel) weniger Auto:** Nutze so oft wie möglich das Fahrrad, die öffentlichen Verkehrsmittel oder gehe zu Fuß. Das schont nicht nur die Umwelt, sondern auch den Geldbeutel, und ist obendrein gut für die Gesundheit.
- **Wechsle zu einem Ökostrom-Anbieter:** Das ist eine einmalige Sache und geht ganz einfach über das Internet. In der Regel kündigt der neue Anbieter auch den alten Vertrag.
- **Iss weniger Fleisch oder stelle eure Ernährung auf vegetarisch um:** Unsere fleischlastige Ernährung ist nachweislich schlecht für das Klima. Versuche sowohl daheim als auch im Restaurant bewusst auf Fleisch zu verzichten.

Lasst euch von anderen inspirieren

Der Anfang für euer Green Family Life ist schnell gemacht. Um dranzubleiben, hilft es, sich von anderen Familien und Menschen inspirieren zu lassen, die sich schon länger mit dem Thema beschäftigen. Dafür musst du gar nicht aktiv auf andere zugehen, sondern kannst relativ simpel ihr Wissen und ihre Ideen online konsumieren.

- **Grüne Podcasts hören:** Podcast-Formate sind sehr unterschiedlich, die Themen und Sprecher*innen ebenfalls. Ob dir ein Podcast gefällt, ist reine Geschmackssache. Die Auswahl an Nachhaltigkeits-Podcasts ist mittlerweile riesig. Bestimmt ist auch für dich ein passendes Format dabei. Hier drei persönliche Hörempfehlungen: Fairquatscht, Umwelt und Verbraucher (Deutschlandfunk), morgen beginnt heute
- **Nachhaltigkeit auf Social Media:** Instagram ist voll von Accounts, die sich dem Thema Nachhaltigkeit im Familienalltag verschrieben haben, tolle Impulse geben und mit gut recherchierten Posts informieren. Meine drei liebsten Accounts dazu sind: familie_nachhaltigkeit, nachhaltig.kritisch, wasteless_hero

Dein
Green Family Guide

Nachhaltige Ernährung
im Familienalltag
34–61

Konsum in der
Green Family Edition
62–83

Familienmüll vermeiden
und richtig trennen
84–103

Grün unterwegs:
Nachhaltige Mobilität
für Familien
104–115

Das Green Family Badezimmer
116–125

Energie und Wasser
im Familienalltag sparen
126–137

Gemeinsam für eine bessere Welt
einstehen
138–145

Familienfeste feiern:
Bunt, lustig, nachhaltig
146–155

Als Familie aktiv die Natur
schützen
156–170

Reisen grün denken:
Der nachhaltige Familienurlaub
171–181

NACHHALTIGE ERNÄHRUNG IM FAMILIENALLTAG

Das Thema Essen spielt in vielen Familien eine große Rolle. Die Familienküche soll aus Sicht von uns Eltern gesund, lecker, ausgewogen und stressfrei sein. Die Kinder sind von unserer Wahl der Zutaten allerdings nicht immer angetan und das Konfliktpotenzial ist durchaus hoch. Warum also ein „neues Fass" aufmachen und das Thema Essen und Nachhaltigkeit an den Familientisch holen? Weil es viele Vorteile hat.

Ganz einfach: Die Chancen stehen hoch, dass eine bewusst nachhaltige Ernährung nicht nur für unsere Erde gut ist, sondern auch für eure Gesundheit, für einen stressfreien Umgang mit dem Thema Ernährung in deiner Familie und für euren Geldbeutel.

Und täglich grüßt die Frage: „Was essen wir heute?" Vier Worte, bei denen ich mir häufig die Haare raufte. Ich bin ambitioniert an die Sache Ernährung rangegangen und habe meinen Kindern unzählige vollwertige Gerichte gekocht. Der Grundstein für eine gesunde und ausgewogene Ernährung wird immerhin in jungen Jahren gelegt. Es kam, wie es kommen musste: Meine Kinder waren zunehmend weniger begeistert von meinen Kochkünsten und mit jedem

Lebensjahr, das verstrich, schlich sich eine Essens-Routine ein, die zwar funktionierte, aber nicht wirklich meiner Vorstellung von gesund und ausgewogen entsprach. Die Essensplanung begann mich zu stressen. An diesem Punkt beschloss ich, meine Kinder beim Thema Essen miteinzubeziehen und mitbestimmen zu lassen.

Das war eine bewusste Entscheidung, von der ich mir in erster Linie erhoffte, einen Speiseplan zu erstellen, der uns allen schmeckt und der gleichzeitig gesund ist. Das positive Potenzial hinter dieser Veränderung, auch im Sinne der Nachhaltigkeit, hatte ich um Längen unterschätzt.

An einem Sonntagnachmittag setzten wir uns also zusammen an den Esstisch und unternahmen den ersten Versuch, einen gemeinsamen Speiseplan zu erstellen. Voller Begeisterung schlugen die Kinder Bratwurst, süße Pfannkuchen und Nudeln mit Nix vor.

Bewusstsein schaffen

Uns Eltern ist es wichtig, was unsere Kinder essen, und die Vorschläge meiner Kinder zeigten mir, dass ich die Planung (noch) nicht in ihre Hände legen konnte. Wir begannen also, gemeinsam zu überlegen, welche Lebensmittel gesund sind, welche nicht und warum.

Kinder sind großartig: Sie stellen Fragen. Das war bei uns an diesem Sonntagnachmittag auch nicht anders. Warum willst du nicht, dass wir jeden Tag Nudeln essen? Warum können wir jetzt keine Erdbeeren kaufen, die sind doch gesund? Warum sollen wir weniger Fleisch essen, und was sind eigentlich Vegetarier? Ehe wir uns versahen, steckten wir schon tief drin im Thema Nachhaltigkeit und Ernährung.

Nachhaltig essen für mehr Gesundheit

Du bist, was du isst: Unser Essen bestimmt maßgeblich unser Wohlbefinden, denn es sorgt für eine gute Entwicklung und ein gesundes Immunsystem. Zu viel Süßkram, industriell verarbeitete Lebensmittel, Fleisch und Milchprodukte sind ungesund und machen im schlimmsten Fall krank. Gemüse und Obst sind der Grundpfeiler einer gesunden Ernährung und haben zudem eine deutlich bessere Ökobilanz.

Bei uns hatte sich im Laufe der Zeit ein ungesundes Muster ganz nach dem Motto *„Hauptsache es geht schnell und alle werden satt"* eingeschlichen. An manchen Tagen in der Woche läuft es immer noch genauso. Der Bezug zu frisch gekochtem, gesundem und nachhaltigem Essen, das (zumindest meistens) allen Familienmitgliedern schmeckt, den haben wir aber wiedergefunden.

Gemeinsam essen und bewusst ernähren

Wir haben uns mit kleinen Schritten an eine gesunde und nachhaltige Ernährung rangetastet, und ich beziehe die Kinder mittlerweile nicht nur bei der Planung, sondern auch bei der Zubereitung aktiv mit ein. Nur so lernen sie, frisch zubereitete Speisen zu schätzen.

Bei uns gibt es inzwischen Tage, meist am Wochenende, an denen wir oft gemeinsam kochen. Wir machen Musik an und treffen uns in der Küche zur Pfannkuchen-Party oder dem Suppenkasper-Abend. Das braucht Zeit, durchaus gute Nerven und den Willen, die Essenszubereitung als Experiment anzusehen, bei dem die Kinder naschen, ausprobieren und lernen dürfen.

Das anschließende gemeinsame Essen sehe ich als gemütliches Beisammensein, mit ganz viel Familienzeit und wenig Regeln.

Verschwendung vermeiden und Geld sparen

Circa 11 Millionen Tonnen Lebensmittel landen laut Bundesministerium für Ernährung und Landwirtschaft in Deutschland pro Jahr im Müll, der größte Teil davon in privaten Haushalten. Das sind ca. 78 kg pro Person! Wir schmeißen unser Geld also direkt in den Müll. Nachhaltig ist das natürlich auf keinen Fall, was also dagegen tun?

Ein guter Plan spart bare Münze: Mit einem durchdachten Essensplan kaufst du nur, was ihr wirklich braucht. Am Wochenende, wenn der Tagesablauf durchaus mal seinen eigenen Weg geht, snacken wir uns durch die Reste, die sich im Laufe der Woche angesammelt haben. Kleine Portionen, die übrig bleiben, werden bei uns eingefroren und an Homeoffice- oder Kind-Krank-Tagen einfach aufgetaut. Wer nur kauft, was er verbraucht, lebt nachhaltiger und spart Geld.

> **DER ESSENSPLAN: EIN PLAN, VIELE CHANCEN**
> Ein gemeinsam erstellter Speiseplan, bei dem du darauf achtest, dass ihr euch vielseitig ernährt, schafft bei Kindern ein grundsätzliches Bewusstsein für das Thema Essen und ein Verständnis für eine gesunde Ernährung. Er spart außerdem Geld, sorgt für mehr Leichtigkeit am Esstisch und schützt obendrein das Klima. Ideen für die stressfreie Erstellung eines gemeinsamen Plans findest du in dem Abschnitt → „Grüne Ernährungstipps für euren Familien-Alltag".

Beim Essen Klima und Umwelt schützen

Artenvielfalt erhalten, Pestizide vermeiden, artgerechte Haltung unterstützen: Wir können, während wir essen, ganz nebenbei das Klima und die Umwelt schützen. Klingt fast zu einfach, um wahr zu sein?

Mache dir bewusst, dass jedes Lebensmittel eine eigene Ökobilanz hat, und so wie wir derzeit essen, schaden wir nachweislich unserer Erde.

Der bewusste Umgang mit Lebensmitteln wie Fleisch und Milchprodukten, der Verzicht auf Fertigprodukte, die Vermeidung von Lebensmittelverschwendung, das alles sind große Hebel in Sachen Klimaschutz. Wenn du zu Bio-Lebensmitteln greifst, unterstützt du außerdem die ökologische Landwirtschaft und sorgst dafür, dass Böden mit weniger Pestiziden belastet werden, Tiere artgerecht gehalten werden und die Artenvielfalt bestehen bleibt.

Grüne Ernährungstipps für euren Familienalltag

Essen müssen wir jeden Tag, und was auf unserem Teller liegt, entscheidet über das Klima von morgen. Wir haben somit jeden Tag aufs Neue die Möglichkeit, einen Schritt hin zu einer nachhaltigen Familienküche zu machen. Da sich Essgewohnheiten nicht so einfach ändern lassen, ist der Anfang nicht immer leicht. Meine erste Veränderung war ein gemeinsam erstellter Speiseplan, mit dem ich den Stress aus der Essensplanung nehmen wollte. Das Thema Nachhaltigkeit ist dabei von allein aufgekommen.

Auf den nächsten Seiten findest du viele Tipps und Mitmach-Ideen für Kinder, um eine nachhaltige Ernährung in euren Familienalltag zu integrieren. Suche dir die Ideen aus, die zu eurem Alltag am besten passen, und leg einfach los.

Der nachhaltige Essensplan

Mit einem wöchentlichen Essensplan ist der Einkaufszettel schnell geschrieben. Du kaufst nur das ein, was du wirklich brauchst, und schmeißt weniger weg. Das spart Geld, Zeit und schont Ressourcen.

Bei uns zog das Thema Nachhaltigkeit bei der Ernährung mit genau diesem Plan ein. Mittlerweile setzen wir uns jeden Sonntag zusammen und planen die kommende Woche. Daraus hat sich ein schönes Familien-Ritual entwickelt, bei dem die Kinder obendrein eine Menge Selbstwirksamkeit spüren. Sie sind ein wichtiger Bestandteil der Familie und ihre Essenswünsche werden miteinbezogen. Die gemeinsame Planung ist natürlich zeitintensiver, als schnell allein einen Plan runterzuschreiben. Aber es lohnt sich – steht der Plan, dann musst du dir im Laufe der Woche keine weiteren Gedanken über die Familienküche machen und die Kinder können sich gut darauf einstellen, was es zu essen gibt. Das gibt ihnen im Alltag Sicherheit.

Zusammen einen Essensplan erstellen
- **Der ewige Speiseplan.** Aus dem Buch die „Wackelzahn-Pubertät" von Laura Fröhlich, erschienen im humboldt Verlag, habe ich die Idee des ewigen Speiseplans. Dort gibt es einen Suppen-Tag, einen Nudel-Tag, einen Kartoffel-Tag, einen Pizza-Tag und einen Süßspeisen-Tag. Diese Ideen lassen sich dann, je nach Zubereitung, ganz einfach in verschiedene Gerichte abwandeln.
- **Keine Angst vor Wiederholungen.** Die Kinder wollen immer nur das Gleiche essen? Ich finde das nicht schlimm. Selbst ohne Kinder habe ich mich nicht jeden Tag in neue kulinarische Highlights gestürzt. Manchmal gibt es auch bei uns drei Tage hintereinander Nudeln mit verschiedenen Beilagen.
- **Zeit für neue Gerichte.** Mit dem Wissen, dass es an den meisten Tagen der Woche etwas zu essen gibt, das ihnen schmeckt, zeigen meine Kinder eine größere Bereitschaft, neue Essensideen auszuprobieren.

DER GEMEINSAME ESSENSPLAN: EIN STARKES RITUAL FÜR SICHERHEIT, VERBINDUNG UND DIE UMWELT

Eine gemeinsame Essensplanung kann sich zu einem Ritual entwickeln, das euch als Familie enger zusammenrücken lässt. An so manchen Sonntagen sitze ich mit meinen Kindern über eine Stunde lang am Tisch. Wir planen nicht nur, sondern beantworten Fragen und tauschen uns aus. Eine Zeit, die ich nicht mehr missen möchte. Wir verteilen an diesen Tagen übrigens auch Koch- und Putzdienste, schreiben auf, wer wann welche Termine hat und vieles mehr. Dieser Plan gibt den Kindern unglaublich viel Orientierung für ihre Woche.

Ideen für einen nachhaltigen Essensplan

- **Vegetarische Tage:** Esst an mehreren Tagen in der Woche vegetarisch oder einigt euch auf eine ganze Veggie-Woche, in der ihr ganz bewusst auf Fleisch verzichtet und vegetarische Gerichte ausprobiert.
- **Vegane Tage:** Führe einen oder mehrere vegane Tage in der Woche ein, um komplett auf tierische Produkte zu verzichten. Am besten machst du dir vor der Planung immer wieder bewusst, wie positiv der Beitrag zum Klimaschutz allein durch den Verzicht auf Fleisch, Wurst und Milchprodukte ist. Außerdem macht es Spaß, etwas Neues auszuprobieren. Viele Menschen möchten sich gerne öfters vegan ernähren, kennen aber keine Gerichte, die sie kochen können. Das könnt ihr mit einem veganen Tag in der Woche ganz leicht ändern.

BACKEN OHNE EI? NA KLAR GEHT DAS!

Ein Ei kannst du beim Backen ganz einfach ersetzen durch eine reife Banane, Apfelmus, Essig und Natron oder auch gemahlene Leinsamen. Welchen Ei-Ersatz du nutzt, kommt darauf an, was du backen möchtest.

> Eine halbe zerdrückte Banane ersetzt ein Ei im Kuchenteig. Beachte, dass die Banane einen intensiven Eigengeschmack hat. Auch 1 EL Essig und 1 EL Natron ersetzen ein Ei und haben einen fluffigen Kuchen zur Folge. Mit 80 g Apfelmus kannst du ein Ei im Rührteig ersetzen. Eine Ei-Alternative für Kuchenteig, Brotteig und Plätzchen sind gemahlene Leinsamen. Einfach einen EL Leinsamen mit drei EL Wasser mischen und quellen lassen.

- **Führe einen Reste-Tag ein:** Reste gibt es in jeder Familienküche. Schmeiße diese nicht weg. Du kannst auch kleine Mengen aufheben und an einem bestimmten Tag in der Woche daraus etwas zubereiten. Wilde Kreationen sind erlaubt und schmecken auch Kindern.
- **Plane saisonal:** Achte darauf, saisonales Obst und Gemüse für eure Essensideen zu verwenden.

MITMACH-IDEEN FÜR KINDER:

- Teile deinen Kindern einen **Kinder-Wunsch-Tag** zu, an dem sie frei entscheiden können, was gegessen wird.
- Druckt einen **Saisonkalender** aus, damit ihr auf einen Blick sehen könnt, welches Obst und Gemüse gerade Saison hat, und hängt ihn gut sichtbar auf.
- Besorgt euch ein **veganes Kochbuch** mit ansprechenden Bildern für neue Essensideen. Im Sinne der Nachhaltigkeit am besten gebraucht oder ihr leiht es in der Bücherei aus.
- **Vegane Variante:** Recherchiere für ein Essen, das ihr alle mögt, eine vegane Alternative und kocht es zusammen nach.
- Damit das Thema Essen und Nachhaltigkeit nicht zu „ernst" wird, bereitet leckere, vegane **Nachtische,** wie gesunde Chips oder gesundes Eis, zu.
- **Frisch statt fertig:** Ersetzt ein oft gekauftes Fertigprodukt, indem ihr es frisch zubereitet.

Lesetipp: In dem Buch „Mama, ich will Brokkoli" von Moana Werschler, humboldt Verlag (2023) findest du leckere Ideen für eine gesunde und leichte Familienküche.

> **DER FLEISCH- & FISCH-KOMPROMISS**
> Wenn ihr euch für eine überwiegend vegetarische Ernährung entschieden habt, aber nicht alle Familienmitglieder damit einverstanden sind, dann findet einen Kompromiss:
> - Wer nicht ganz verzichten möchte, kann zum Beispiel in der Kantine oder im Restaurant auf Fleisch oder Fisch zurückgreifen.
> - Wollt ihr, dass auch daheim Fleisch auf dem Speiseplan steht, dann achtet beim Kauf auf regionales Bio-Fleisch aus artgerechter Haltung.
> - Statt zu Rindfleisch zu greifen, esst Schweinefleisch oder Geflügel, die eine deutlich bessere Ökobilanz haben.
> - Beim Kauf von Fisch solltest du auf das EU-Bio-Siegel achten. Zuchtfisch sollte außerdem mit dem ASC-Siegel und Fisch aus Wildfang mit dem MSC-Siegel gekennzeichnet sein. Am besten ist Süßwasserfisch aus der Region, wie zum Beispiel Forellen.

Nachdem der Essensplan für die ganze Woche steht, schreibst du einen Einkaufszettel, um im Supermarkt nichts zu vergessen. Davor darf ein Blick in den Vorratsschrank nicht fehlen.

Der grüne Einkauf

Der Einkaufsalltag stellt uns immer wieder vor eine Herausforderung, denn die Auswahl an Lebensmitteln ist groß und es ist nicht immer eindeutig, welches Produkt den kleineren ökologischen Fußabdruck hat. Dazu kommt, dass wir im Alltag mehr zu tun haben, als stundenlang für eine nachhaltige Küche durch die Regale zu hetzen. Mach es dir einfach und ändere Kaufgewohnheiten nach und nach. Im Laufe der Zeit wirst du dann automatisch zur grüneren Alternative greifen.

Neben der Wahl der Produkte kannst du auch schon mit dem richtigen Verhalten im Supermarkt deinen Einkauf nachhaltig gestalten.

Grüne Ernährungstipps für euren Familienalltag

Tipps für einen nachhaltigen Einkauf
- Packe deine Einkäufe in Stoffbeutel.
- Nimm einen Stoffbeutel auch für den Einkauf beim Bäcker mit.
- Kaufe unverpacktes Obst und Gemüse.
- Verzichte auf die sogenannten „Hemdchen-Beutel", um Obst und Gemüse zu verpacken. Viele Obst- und Gemüsesorten kannst du auch lose in den Einkaufswagen legen oder du nimmst ein Mehrwegnetz mit.
- Kaufe Obst und Gemüse, das nicht mehr hundert Prozent perfekt aussieht, und bewahre es davor, in der Tonne zu landen.
- Verzichte auf Obst und Gemüse, das gerade keine Saison hat und das aus Übersee kommt.
- Kaufe Obst, Gemüse, Lebensmittel und auch Getränke wie Säfte, Wein und Bier aus der Region.
- Kaufe bewusst Bio-Produkte, indem du auf das Bio-Siegel achtest. Achtung: Begriffe wie „nachhaltig produziert" und „aus der Region", „fair produziert", „klimaneutral" oder auch „umweltfreundlich" haben keine Aussagekraft, da sie rechtlich nicht geschützt sind. Damit kaufst du also nicht unbedingt ein umweltfreundliches Produkt.

MITMACH-IDEE FÜR KINDER:
WIE VIEL CO_2 VERBRAUCHT EUER ESSEN?

Macht den Test: Auf der Website des Tagesspiegel gibt es einen interaktiven Klimarechner für die Küche. Dort könnt ihr die Zutaten eures Gerichtes eingeben und seine CO_2-Bilanz berechnen lassen.

 Hier geht's zum Klimarechner für die Küche

SIND BIO-LEBENSMITTEL IMMER TEURER?

Ja und Nein. Bio-Lebensmittel sind teuer, weil sie in der Herstellung aufwendig sind. Wer Tiere artgerecht hält und auf Pestizide beim Anbau verzichtet, kann weniger und vor allen Dingen weniger schnell produzieren.

Die wahren Kosten der konventionellen Lebensmittel sind jetzt noch nicht sichtbar, werden uns aber über kurz oder lang einholen. Gemeint sind die Folgekosten für die Umwelt, die sie verursachen und die wir am Ende alle zu tragen haben. Wer jetzt spart, zahlt ganz sicher später drauf. Aber wer weiß, vielleicht gab es mit dem Erscheinen dieses Buches schon ein Umdenken von der Politik, die mit der vorhandenen Mehrwertsteuer oder einer Nachhaltigkeitssteuer durchaus ein Mittel in der Hand hat, um Produkte, deren Umweltkosten für uns alle geringer sind, günstiger zu machen.

- Kaufe Fleisch, Wurst und Käse unverpackt an der Theke. In vielen Supermärkten kannst du dafür eigene Behälter mitbringen.
- Trinke Leitungswasser, statt Wasserflaschen zu kaufen.
- Kaufe für ein Produkt eine vegane Alternative und probiere sie aus (Hummus statt Frischkäse, vegane Wurst statt Fleischwurst, Hafermilch statt Kuhmilch).
- Gehe in einem Bio-Supermarkt einkaufen und entdecke dort neue Produkte.
- Lass die Finger von Sonderangeboten, wenn es sich um Lebensmittel handelt, die nicht auf deinem Einkaufszettel stehen.
- Verzichte auf Fertigprodukte.
- Schließe das Kühlregal im Supermarkt immer schnell.
- Achte beim Kauf von Kaffee und Schokolade auf das Fairtrade-Siegel.
- Vermeide unnötige Einkaufsfahrten mit dem Auto, denn das macht die Bilanz eines „guten" Einkaufs schnell wieder kaputt.

- Nutze das Fahrrad zum Einkaufen. Mit einem Lastenfahrrad, einem Fahrradanhänger oder Fahrradtaschen lässt sich damit auch der Familieneinkauf transportieren.
- Lebensmittel mit einer sehr schlechten Ökobilanz sind Butter, Rindfleisch, Käse und Sahne, Tiefkühl-Pommes, Schokolade, Schweinefleisch und Geflügel. Versuche weniger davon zu kaufen.

ERSETZE BESTIMMTE LEBENSMITTEL DURCH KLIMAFREUNDLICHE ALTERNATIVEN
- Nachhaltigere Alternativen zu Reis oder Quinoa sind regionales Getreide wie Dinkelreis, Hirse, Couscous, Bulgur und natürlich Kartoffeln.
- Kuhmilch kannst du durch Hafermilch ersetzen.
- Mit losem Tee statt Tee in Teebeuteln sparst du Verpackungsmüll.
- Achte beim Honigkauf auf Imkerhonig aus der Region.

MITMACH-IDEEN FÜR KINDER:

- Gehe mit deinen Kindern einkaufen und begebt euch, wie Detektive, auf die Suche nach der Bio-Variante oder der veganen Variante von bestimmten Lebensmitteln.
- Schaut gemeinsam, woher das angebotene Obst und Gemüse kommen. Ihr werdet erstaunt sein.
- Macht einen Ausflug zu einem Bauernhof mit Hofladen und geht dort einkaufen. Schaut euch die Tiere und Felder an und bekommt einen Eindruck davon, wie viel Arbeit hinter einem Produkt steckt. Das sollte aber ein Ausflug bleiben. Eine lange Autofahrt zu einem Hofladen nur für einen Einkauf lässt die Klimabilanz sehr schnell ins Negative rutschen.
- Pflückt Erdbeeren direkt vom Feld. Danach wollt ihr ohnehin nie wieder andere Erdbeeren essen.
- Besucht ein Blütenfest und lernt etwas über heimische Obstsorten in eurer Region und die Wichtigkeit der Bienen.

> **GENERATIONSÜBERGREIFENDER MITMACH-TIPP MIT SPAR-POTENZIAL**
> Haben Obst und Gemüse ihre Erntezeit, dann schmecken sie besonders gut und sind günstiger als im Rest des Jahres. Kaufe Bio-Lebensmittel saisonal günstig ein und mache sie haltbar, indem du sie richtig lagerst, einkochst, trocknest oder einlegst. Deine Mutter oder Oma weiß sicherlich noch, wie das geht, und gibt ihr Wissen bestimmt gerne weiter.

Klimafreundliche Lebensmittel-Lieferungen

Ich persönlich gehe nur einmal in der Woche kurz einkaufen, um ein paar Dinge zu besorgen. Mittlerweile beziehe ich meine Lebensmittel schon das achte Jahr in Folge von der Öko-Kiste. Dort kann ich von regionalem und saisonalem Obst und Gemüse über Milch bis hin zu veganen Aufstrichen, Nudeln, Butter, Eiern, Getränken und Putz- und Kosmetikartikeln alles kaufen. Der Bio-Einkauf wird mir direkt vor die Tür geliefert. Das spart mir Unmengen an Zeit und ich kann sichergehen, dass alle Lebensmittel und Produkte, die ich einkaufe, tatsächlich Bio und regional sind.

Vielleicht gibt es auch bei dir eine solche Möglichkeit? Bei meiner Recherche habe ich folgende Anbieter gefunden:
- Isarland Ökokiste: München und Umland
- Märkische Kiste: Großraum Berlin/Brandenburg
- Bauerntüte: Köln und Umgebung
- etepetete: Die krumme Bio-Box. Diese Bio-Kiste wird deutschland- und österreichweit versandt. Das Besondere an der Kiste ist, dass auch Obst und Gemüse in die Kiste kommen, die nicht der Norm entsprechen. Hier kannst du ein klares Zeichen gegen Lebensmittelverschwendung setzen.

- Marktschwärmerei: Das ist ein regionales Netzwerk aus Erzeugern und Verbrauchern. Du kaufst dort direkt beim Erzeuger ein, bestellst online und holst deinen Einkauf in einer Schwärmerei ab. Schaue einfach auf marktschwaermer.de, ob es auch bei dir in der Nähe eine Schwärmerei gibt – es gibt derzeit über 120 Schwärmereien in ganz Deutschland.

MITMACH-IDEEN FÜR KINDER:
Hast du die Möglichkeit, mit deinen Kindern Obst, Gemüse oder Kräuter im Garten, auf dem Balkon oder dem Fensterbrett selbst anzubauen, dann probiert das gemeinsam aus. Auch die Idee, Gemüsegärten oder Ackerflächen zu mieten, verbreitet sich immer mehr. Dabei geht es nicht darum, sich mit der Ernte selbst zu versorgen, sondern ein Bewusstsein dafür zu schaffen, wie lange es von der Saat bis zur Ernte dauert und wie viel Arbeit notwendig ist, damit überhaupt etwas geerntet werden kann. Mehr Ideen zum Gärtnern mit Kindern kannst du in dem Kapitel → „Als Familie aktiv die Natur schützen" nachlesen.

Die richtige Lagerung

Werden Lebensmittel falsch gelagert, dann verderben sie, noch bevor wir sie essen können. In diesem Fall erwartet vor allem Obst und Gemüse ein trauriges Schicksal, denn beide landen im Müll. Durch die richtige Lagerung bleiben Lebensmittel viel länger haltbar.

Gemüse lagern
Gemüse ist einfach zu lagern, denn du kannst es meistens im Gemüsefach im Kühlschrank aufbewahren. Ausnahmen gibt es natürlich auch hier. Dazu zählen unter anderem Tomaten, Kartoffeln, Kürbis und Auberginen. Diese Gemüsesorten sollten bei Zimmertemperatur gelagert werden. Kartoffeln, Zwiebeln und Knoblauch sollten außerdem eher im Dunkeln lagern.

> **KAROTTEN WIEDER KNACKIG MACHEN**
> Gib labbrig gewordene Karotten in ein hohes Glas und fülle es mit kaltem Wasser auf, bis die Karotten vollständig davon bedeckt sind. Stelle das Glas in den Kühlschrank. Nach ca. 8 bis 12 Stunden sind die Karotten wieder frisch und knackig.

Obst lagern

Obst ist in der Lagerung ein bisschen komplizierter als Gemüse. Du kannst dir als Faustregel merken: Heimisches Obst kann meist kühl gelagert werden, exotische Fruchtsorten fühlen sich bei Zimmertemperatur am wohlsten.

Obstsorten wie Äpfel, Aprikosen und Pflaumen produzieren besonders stark das Reifegas Ethylen. Deshalb sollten sie getrennt zu anderem Obst und Gemüse aufbewahrt werden.

Brot lagern

Brot hält bei Zimmertemperatur am längsten frisch, zur Aufbewahrung eignen sich eine Papiertüte oder ein Geschirrtuch. Im Brotkasten bleibt Brot lange frisch, wenn das Material atmungsaktiv ist oder der Kasten Belüftungslöcher hat.

Zu gut für die Tonne

Auf der Website zugutfuerdietonne.de findest du ein Lebensmittellexikon, das Tipps zur richtigen Lebensmittellagerung gibt und über die Haltbarkeit von Lebensmitteln informiert.

Hier geht's zum Lebensmittellexikon mit vielen praktischen Tipps

> **NACHHALTIG AUFBEWAHREN UND EINFRIEREN**
> No-Gos bei der Aufbewahrung sind Frischhalte- und Alufolie. Diese Einwegprodukte verursachen Müll und verbrauchen in der Herstellung viel Energie. Zum Einfrieren und Aufbewahren eignen sich Dosen aus Kunststoff oder Edelstahl und Schraubgläser aus Glas. Eine umweltbewusste Alternative zu Frischhaltefolie sind außerdem Bienenwachstücher, um Schüsseln ohne passenden Deckel abzudecken oder Lebensmittel einzuwickeln.

In der grünen Küche

In der grünen Küche wird am besten gemeinsam mit den Kindern gekocht. Mit Kindern kochen braucht allerdings gute Nerven. Wenn es schnell gehen muss und alle schon müde sind, ist sicherlich nicht der richtige Zeitpunkt dafür. Lege das Projekt „gemeinsam kochen" auf ein Wochenende, wenn auf allen Seiten genügend Energie vorhanden ist. Bringe eine große Portion Gelassenheit mit, und ganz nach dem Motto „Alles kann, nix muss" darf jedes Kind nach seinen persönlichen Vorlieben mithelfen, naschen und ausprobieren.

> **NACHHALTIGKEIT IN DER KÜCHE**
> Mit ein paar einfachen Tipps kannst du beim Kochen und Backen Energie sparen:
> - Der Backofen muss nicht immer vorgeheizt sein.
> - Benutze eine wiederverwendbare Backmatte statt Backpapier.
> - Koche mit Deckel.
> - Stelle den Kochtopf auf eine Herdplatte, die nicht zu groß ist.

Während des Kochens wird bei uns nach Lust und Laune genascht und probiert. Was hat das mit Nachhaltigkeit zu tun? Eine ganze Menge. Die Kinder lernen, ihr Essen frisch zuzubereiten, und sie probieren im Idealfall ganz neue Speisen, die sie selbst zubereitet haben.

Mit den richtigen Zutaten gemeinsam kochen macht Spaß, stärkt eure Beziehung und ist gut für Gesundheit und Umwelt.

> **MEAL-PREP FÜR STRESSIGE TAGE**
> Koche ab und zu mehr, als ihr essen könnt, und friere diese Portionen ein. Verzichte beim Einfrieren auf Plastik, indem du Schraubgläser mit Deckel verwendest. An Tagen, an denen es schnell gehen muss, greifst du nicht zum Fertigprodukt, sondern in deinen Gefrierschrank.

Die Resteverwertung

Lebensmittelverschwendung ist nicht nachhaltig. Was also tun mit Lebensmitteln, die langsam, aber sicher gegessen werden sollten? Zunächst einmal musst du Lebensmittel mit überschrittenem Mindesthaltbarkeitsdatum nicht gleich wegschmeißen. Probiere, ob sie noch gut sind.

Der Reste-Tag: Am Reste-Tag schaust du im Kühl- und Vorratsschrank nach, was bald verdirbt, und dann lässt du deiner Kreativität freien Lauf und erfindest wilde Essenskreationen. Deine Kinder können dich dabei sicherlich tatkräftig unterstützen.

Aus Resten lassen sich Aufläufe, Allerlei-Puffer, wilde Soßen-Kreationen oder bunte Salate zubereiten. Falls dir gar nichts einfällt und du noch Inspiration brauchst, dann findest du im Internet wirklich zahlreiche Ideen auf Rezeptseiten und Blogs.

> **APPS FÜR RESTE-ESSENS-IDEEN**
> Du weißt partout nicht, was du aus euren Lebensmittelresten kochen kannst? Das Internet weiß Abhilfe. Apps wie Restegourmet, Zu gut für die Tonne oder Supercook-Rezeptgenerator liefern Rezeptvorschläge – passend zu euren Resten.

Das Buffet: Vor allem am Wochenende essen wir uns ohne Plan durch den Kühlschrank. Nach einem reichhaltigen Frühstück ist der Hunger bei uns Erwachsenen nicht groß, die Kinder können auf kleine Zwischenmahlzeiten aber nicht verzichten. Perfekt für die Restverwertung.

Ab in den Mixer: Aus Obst und Gemüse, das nicht mehr ganz so knackig ist oder braune Stellen hat, kannst du leckere Smoothies oder Suppen zubereiten.

> **NACHHALTIG UND STRESSFREI:**
> **SLOW FOOD UND SOUL FOOD FÜR DIE GANZE FAMILIE**
>
> Unsere Essgewohnheiten sind von verschiedenen Dingen abhängig: wie in der Kindheit gekocht wurde, was uns die Werbung verspricht, wie viel Zeit und Geld wir haben. Deshalb ist die Ernährung ein sensibles Thema, bei dem wir nicht immer rationale Entscheidungen treffen.
>
> Nimm den Stress raus und gehe mit Spaß an die Sache ran. Bewusst nachhaltige Ernährung ist ein großer Hebel in Sachen Klimaschutz und Gesundheit. Von „Fast Food" zu „Slow Food". Von „Hauptsache billig" zu „Gut für die Umwelt". Von „Fertigprodukten" zu „frisch gekochtem Soul Food". Viel Spaß bei eurer neuen nachhaltigen Ernährung.

Sag der Lebensmittelverschwendung auch außerhalb deiner eigenen vier Wände den Kampf an.

- **Too Good To Go App:** Hier verkaufen Restaurants oder Geschäfte überschüssige Gerichte. Bevor du also Essen-To-Go holst, weil du gerade keine Zeit zum Kochen hast, dann schaue in der App vorbei, ob du nicht zu einem günstigen Preis ein Essen retten und genießen kannst.
- **Foodsharing:** Auf dieser Internetplattform kannst du deine Lebensmittel, statt sie wegzuschmeißen, an andere Personen oder soziale Einrichtungen abgeben.
- **Nachhaltiges Essen unterwegs:** Mit Apps wie Happy Cow und Vanilla Bean findest du unterwegs vegane Restaurants.

ALTES BROT FAST WIE NEU

Hartes Brot lässt sich wieder auffrischen, indem du den Boden einer luftdichten Box mit Wasser befüllst. Lege das Brot leicht erhöht in die Box, sodass es das Wasser nicht berührt, und verschließe sie. Über Nacht hat das Brot die Luftfeuchtigkeit aufgenommen.

Schneller geht es auf dem Herd mit Wasserdampf. Dazu füllst du ca. einen halben Zentimeter Wasser in einen Topf und stellst das Brot auf einem Teller so hinein, dass es nicht mit dem Wasser in Berührung kommt. Verschließe den Topf und erhitze das Wasser langsam, bis es dampft. Nach 10 bis 15 Minuten im Dampfbad ist das Brot wie neu.

Rezepte mit Brotresten gibt es im Netz eine ganze Menge: Brotresteauflauf (auch bekannt als Ofenschlupfer, Scheiterhaufen oder Brotpudding), Croutons für Salat, Brotsuppe, Brotchips, Brotpommes, Brotauflauf mit Käse oder Brotsalat. Ausprobieren lohnt sich, denn die meisten Gerichte schmecken auch Kindern richtig gut.

Wissen für Kids: Green Food Facts

Kinder stellen viele Fragen! Manche davon können wir leicht beantworten, bei anderen fällt uns nicht sofort eine kindgerechte Antwort ein. Hinzu kommt, dass das Thema Ernährung, vor allem vor dem Hintergrund der Nachhaltigkeit, recht komplex ist. Die Lebensmittelindustrie macht es auch uns Erwachsenen nicht immer einfach, Marketing von Fakten zu unterscheiden. Hier werden die wichtigsten Fragen rund um nachhaltige Ernährung leicht verständlich erklärt. Zum Vorlesen geeignet.

Das ist gesund und ausgewogen

Gesund essen bedeutet, dass wir Lebensmittel zu uns nehmen, die gut für den Körper sind, sodass er gesund bleibt. Zu einer gesunden Ernährung zählt außerdem, dass wir uns ausgewogen ernähren. Das bedeutet, verschiedene gesunde Lebensmittel zu essen und nicht jeden Tag dasselbe. Natürlich darf auch einmal Kuchen oder Eis als Nachtisch auf dem Speiseplan stehen, aber nicht zu viel und zu oft.

> **NACHGEFRAGT: MIT KINDERN IM DIALOG BLEIBEN**
> Sprich mit deinen Kindern über das Thema Ernährung und überlegt euch gemeinsam Antworten auf die folgenden Fragen:
> - Welche Lebensmittel sind gesund und welche nicht?
> - Welches ist euer Lieblingsessen? Ist es eher gesund oder nicht?
> - Welche Lebensmittel habt ihr noch nie probiert?
> - Welche „ausgefallenen" Gerichte schmecken euren Eltern?
>
> Erstellt gemeinsam eine Liste mit Lebensmitteln oder Gerichten, die den Kindern und den Eltern schmecken oder eben gar nicht schmecken.

Möglichst viel Obst und Gemüse

Obst und Gemüse sind ganz wichtig, damit unser Körper gesund bleibt. Das liegt daran, dass sie viele wichtige Vitamine und Mineralien enthalten, die uns sonst kein anderes Lebensmittel geben kann. Wenn wir gesund sind, haben wir genügend Energie für den Tag. Kennst du schon die „5 am Tag"-Regel? Die sagt, dass wir an einem Tag fünf Portionen Obst und Gemüse essen sollten. Eine Portion bedeutet eine Handvoll. Da die Hände von Kindern kleiner sind als die von Erwachsenen, ist deine Portion an Obst und Gemüse kleiner als die von deinen Eltern oder Geschwistern.

> **NACHGEFRAGT: MIT KINDERN IM DIALOG BLEIBEN**
> Sprecht gemeinsam über eure Obst- und Gemüse-Vorlieben:
> - Welches Obst oder Gemüse esst ihr gerne?
> - Welches mögt ihr nicht?
> - Welches Gemüse esst ihr lieber roh und welches gekocht?
> - Esst ihr genügend Obst und Gemüse?

Besser keine Fertigprodukte

Fertigprodukte sind Lebensmittel, die wir nicht mehr kochen oder zubereiten müssen (z. B. Pizza, Tomatensoße, Waffeln). Welche Zutaten sie genau enthalten, können wir auf der Zutatenliste auf der Verpackung nachlesen. Viele Fertigprodukte enthalten viel Zucker, Salz und künstliche Zusatzstoffe, damit die Produkte länger halten oder eine schöne Farbe haben. Das ist nicht immer gesund.

Da für die Herstellung von Fertigprodukten viel Energie benötigt wird, sind sie nicht besonders umweltfreundlich.

> **NACHGEFRAGT: MIT KINDERN IM DIALOG BLEIBEN**
> Wir alle, auch die Kinder, kennen Fertigprodukte.
> Sprecht gemeinsam darüber:
> - Welche Fertigprodukte kennt ihr?
> - Welche davon esst ihr gerne?
> - Warum glaubt ihr, sind Fertigprodukte schlecht für die Umwelt und die Gesundheit?
> - Wie oft esst ihr Fertigprodukte?
> - Warum kaufen und essen wir Fertigprodukte?
> - Welches Fertigprodukt wollen wir einmal frisch zubereiten?

Das bedeutet Bio

Trägt ein Lebensmittel die Bezeichnung Bio, dann bedeutet das, dass beim Anbau von dem Obst oder Gemüse auf Düngemittel verzichtet wurde. Das hat manchmal zur Folge, dass das Obst und Gemüse nicht immer gleich groß ist oder krumm wächst. Es schmeckt aber natürlich trotzdem lecker. Die Düngemittel sind allerdings schlecht für den Boden und das Grundwasser. Bei Wurst, Fleisch oder Fisch, das mit Bio gekennzeichnet ist, ging es den Tieren besser als Tieren in Massentierhaltung. Bio-Produkte sind also gut für die Umwelt.

Die Begriffe „Bio" und „Öko" sind gesetzlich geschützt und dürfen nicht einfach so verwendet werden. Ein Produkt muss dafür bestimmte Voraussetzungen erfüllen. Beim Einkaufen können wir Bio-Lebensmittel an verschiedenen Siegeln erkennen. Sie sind mit einem einheitlichen EU-Bio-Logo gekennzeichnet. Es besteht aus einem stilisierten Blatt auf grünem Hintergrund. In Deutschland findest du zusätzlich das sechseckige Bio-Label, das aber auch in anderen Ländern genutzt wird. Das Bio-Siegel ist keine Pflichtkennzeichnung.

Es gibt außerdem Bio-Anbauverbände, die strengere Richtlinien für die Erzeugung und Herstellung von Bio-Produkten vorschreiben als die EU-Öko-VO. Dazu gehören zum Beispiel Demeter, Bioland oder Naturland.

MITMACH-IDEE FÜR KINDER:
WAS FINDET IHR IM VORRATSSCHRANK?
Schaut euch in eurem Vorratsschrank um: Da auf nahezu allen Verpackungen Siegel abgedruckt sind, werdet ihr schnell fündig werden. Vergleicht die Siegel mit denen in diesem Ratgeber und schaut gemeinsam, welche ihr noch findet. Manche werden von Unternehmen frei erfunden und andere haben eine allgemeingültige Bedeutung. Das Internet hilft euch bei der Siegelrecherche weiter.

Das bedeutet regional

Regional bedeutet, dass die Lebensmittel in der Nähe eures Wohnortes angebaut werden. Das Essen muss also nicht weit gefahren oder sogar aus anderen Ländern mit dem Flugzeug eingeflogen werden, bevor es im Supermarkt ankommt. Das spart Energie und ist besonders umweltfreundlich.

NACHGEFRAGT: MIT KINDERN IM DIALOG BLEIBEN
Sprecht gemeinsam über Regionalität.
- Woran könnt ihr erkennen, dass ein Lebensmittel aus der Region kommt?
- Welche Lebensmittel kommen nicht aus unserer Region?
- Welches Lebensmittel bei euch daheim ist schon sehr weit gereist?

Das bedeutet saisonal

Saisonal einkaufen bedeutet, dass wir Obst und Gemüse kaufen, das bei uns gerade geerntet werden kann. Da die Regale im Supermarkt das ganze Jahr über voll mit verschiedenen Obst- und Gemüsesorten sind, könnte man denken, dass diese auch das ganze Jahr wachsen. Das stimmt natürlich nicht. Manche Lebensmittel können nach der Ernte gut und lange gelagert werden, andere wiederum kommen von weit her, damit wir sie essen können.

NACHGEFRAGT: MIT KINDERN IM DIALOG BLEIBEN
Überlegt euch gemeinsam die Antworten auf die folgenden Fragen:
- Warum gibt es im Supermarkt viele Obst- und Gemüsesorten das ganze Jahr?
- Welches Obst oder Gemüse hat aktuell Saison?
- Warum sollten wir im Winter keine Erdbeeren oder Tomaten kaufen?
- Findet ihr, dass Obst oder Gemüse das ganze Jahr über gleich gut schmeckt?
- Warum ist es für die Umwelt besser Obst und Gemüse zu essen, das gerade bei uns Saison hat?

MITMACH-IDEE FÜR KINDER: WAS HAT GERADE SAISON?

Druckt euch einen Saisonkalender aus. So wisst ihr immer, welche Obst- und Gemüsesorten gerade Saison haben. Einen übersichtlichen Kalender könnt ihr auf der Website der Verbraucherzentrale runterladen.

Welches Obst oder Gemüse hat gerade Saison? Schau im Saisonkalender nach

> **DAS GANZE JAHR LANG ÄPFEL ESSEN?**
> Äpfel werden ab August bis etwa Ende Oktober geerntet, und trotzdem können wir das ganze Jahr über Äpfel essen, da sie kühl gelagert werden. Diese Lagerung verbraucht aber eine Menge Energie. Für das Lieblingsobst der meisten Kinder gilt dennoch: Trotz der Kühllagerung haben heimische Äpfel auch im Frühjahr nur einen halb so großen CO_2-Fußabdruck wie Importäpfel aus Neuseeland.

Das bedeutet vegetarische Ernährung

Menschen, die sich vegetarisch ernähren, essen kein Fleisch. Fleisch kommt von Tieren wie Hühnern, Kühen, Schweinen und Fischen. Vegetarier entscheiden sich dafür, kein Fleisch zu essen, weil sie Tiere lieben und auf die Umwelt achten.

> **NACHGEFRAGT: MIT KINDERN IM DIALOG BLEIBEN**
> Sprecht darüber, wie viel Wurst und Fleisch ihr esst.
> - Habt ihr schon einmal gesehen, wie Kühe, Hühner oder Schweine leben?
> - Wie viel Fleisch und Wurst esst ihr jeden Tag?
> - Welches Fleisch schmeckt euch?
> - Könntet ihr auf Fleisch oder Wurst verzichten?
> - Enthält euer Lieblingsgericht Fleisch?

Das ist das Problem mit Fleisch

Tiere brauchen etwas zu essen, Wasser und müssen irgendwo leben. Für den Anbau ihres Futters und für ihre Ställe und Weiden wird richtig viel Platz benötigt. Dafür müssen wir Wälder abholzen, die sehr wichtig für unser Klima sind. Viele Tiere werden zudem in Massentierhaltung gehalten und sind nicht besonders glücklich. Dazu kommt, dass vor allem Kühe ziemlich oft rülpsen und pupsen. Das klingt zwar lustig, aber dieses Gas, das Methan heißt, ist schädlich, da es die Erde schneller erwärmt. Zu viel Fleisch auf dem Speiseplan ist somit schlecht für die Umwelt und das Tierwohl.

WIE SCHMECKEN INSEKTEN?

Einige Insekten sind in Europa zum Verzehr zugelassen. Sie sind klimafreundlicher als Fleisch und enthalten viel Protein. Würdet ihr Lebensmittel aus Insekten essen? Falls du und deine Kinder diese Frage mit „Auf keinen Fall" beantwortet habt, dann solltet ihr darauf achten, dass ein Produkt nicht den Zusatzstoff E 120 enthält, denn dieser wird aus Schildläusen gewonnen. Bei dem Zusatzstoff E 902 handelt es sich um Ausscheidungen der Gummilackschildlaus. Am besten schaut ihr gleich einmal auf eure Süßigkeiten, die ihr vorrätig habt. Dort findet man diese Zusatzstoffe sehr oft.

Das ist Massentierhaltung

Massentierhaltung bedeutet, dass auf einem Bauernhof viele Tiere auf kleinem Raum zusammenleben. Dadurch können sie sich sehr wenig bewegen und manchmal dürfen sie ihren Stall nie verlassen. Es geht ihnen nicht gut und sie haben ganz sicher kein schönes Leben. Außerdem bekommen sie mit ihrem Futter Medikamente, damit sie trotz der schlechten Bedingungen gesund bleiben. Für die Bauern ist Massentierhaltung günstiger, da die Tiere wenig Platz brauchen, und deshalb können wir dieses Fleisch dann günstiger einkaufen.

Das ist eine vegane Ernährung

Ein Mensch, der sich vegan ernährt, isst kein Essen, das von Tieren stammt, also kein Fleisch, keinen Fisch und keine Wurst. Ein Veganer trinkt außerdem keine Milch und auch Eier und Milchprodukte wie Butter, Sahne, Käse oder Joghurt werden bei einer veganen Ernährung nicht gegessen.

> **NACHGEFRAGT: MIT KINDERN IM DIALOG BLEIBEN**
> Überlegt euch gemeinsam, wo ihr Berührungspunkte mit der veganen Ernährung habt.
> - Kennt ihr jemanden, der vegan lebt?
> - Denkt ihr, dass man ohne Milch, Butter und Ei einen Kuchen backen kann?
> - Sind eure Lieblingsgerichte vegan? Gibt es eine vegane Zubereitung? Probiert beim nächsten Kochen einfach die vegane Variante aus.

Das ist Lebensmittelverschwendung

Lebensmittelverschwendung bedeutet, dass wir Essen wegwerfen. Das passiert bei uns zu Hause, wenn wir mehr kochen, als wir essen können. Aber auch, wenn wir zu viel einkaufen und das Essen dann schlecht wird. Das ist Geldverschwendung. Außerdem belastet jedes Produkt unsere Umwelt und es steckt eine Menge Arbeit darin. Wir müssen darauf achten, möglichst wenig Essen zu verschwenden.

> **NACHGEFRAGT: MIT KINDERN IM DIALOG BLEIBEN**
> Findet gemeinsam heraus, wie ihr weniger Lebensmittel wegschmeißen könnt.
> - Esst ihr immer euer Pausenbrot auf?
> - Habt ihr das Gefühl, dass wir viel Essen wegschmeißen?
> - Habt ihr eine Idee, wie wir weniger Lebensmittel verschwenden können?

Das bedeutet das Mindesthaltbarkeitsdatum

Das Mindesthaltbarkeitsdatum ist wie eine Uhr, die uns sagt, wie lange wir ein Lebensmittel essen können. Ist das Datum vorbei, dann ist es bei sehr vielen Lebensmitteln dennoch kein Problem diese zu verzehren. Wir müssen keine Angst haben, krank zu werden. Vor allem dann nicht, wenn die Verpackung noch nicht geöffnet wurde. Dennoch solltest du vor jedem Essen schauen, ob ein Lebensmittel noch gut ist oder nicht mehr gegessen werden kann.

HONIG VERDIRBT NIE
Wirklich wahr: Honig verdirbt nie und wird nicht schlecht. Er wurde sogar in 3.000 Jahre alten ägyptischen Gräbern gefunden.

NACHGEFRAGT: MIT KINDERN IM DIALOG BLEIBEN
Wahrscheinlich haben sich deine Kinder noch nie Gedanken über das Mindesthaltbarkeitsdatum gemacht, dabei sollten schon Kinder wissen, wie sie merken, ob ein Lebensmittel noch gegessen werden kann.
- Was denkt ihr, ist das Problem mit dem Mindesthaltbarkeitsdatum?
- Wie könnt ihr herausfinden, ob Lebensmittel noch genießbar sind?

Was hat unser Essen mit CO_2 zu tun?
Alles, was wir essen, verursacht CO_2: frisches Obst und Gemüse aus der Region, das gerade Saison hat, wenig, eine Tiefkühlpizza, Rindfleisch, aber auch Milchprodukte richtig viel. Die meisten Milchprodukte kommen von Kühen, bei deren Verdauung das klimaschädliche Methan entsteht. Für die Herstellung des Futters und der Milchprodukte selbst wird viel CO_2 verbraucht. Bis zum Beispiel Butter auf dem Tisch steht, ungefähr 2,3 kg: Das ist fast 20-mal mehr CO_2, als eine Gurke verursacht.

KONSUM IN DER GREEN FAMILY EDITION

Im Grunde bräuchte ich über das Thema Konsum und Nachhaltigkeit nur ein paar wenige Worte verlieren: Wer weniger konsumiert, spart Geld und Ressourcen. Das entlastet den eigenen Geldbeutel und schont die Umwelt. Damit wäre dieses Kapitel fertig und wir können uns direkt einem neuen zuwenden. So einfach ist es dann aber natürlich doch nicht.

Es fällt uns nicht immer leicht, weniger zu konsumieren und dabei mit Bedacht vorzugehen. Lass uns gemeinsam herausfinden, warum das so ist und euer Konsumverhalten genauer unter die Lupe nehmen. Ich gebe dir zahlreiche Ideen und Tipps mit an die Hand, wie ihr im Familienalltag nachhaltigen Konsum umsetzen könnt. Am Ende des Kapitels kannst du mithilfe des Wissen-für-Kids-Abschnitts alle Fragen deiner Kinder rund um Konsum kinderleicht erklären.

Euer Konsum unter der Lupe

Für einen grünen Lebensstil musst du deinen Konsum zurückschrauben, denn jeder Gegenstand hat einen ökologischen Fußabdruck. Willst du den Fußabdruck deiner Familie klein halten, dann bleibt dir logischerweise keine andere Wahl, als weniger zu kaufen. Obwohl ein bewusster Konsum den Geldbeutel schont, klingt dir das nach zu viel Verzicht? Und das, obwohl ich gleich zu Beginn dieses Buches getönt habe, dass Nachhaltigkeit Spaß macht und nicht unweigerlich mit Einschränkungen zu tun hat. Ich verspreche dir: Weniger Besitz ist mehr. Mehr Geld, mehr Zeit, mehr Platz. Dafür lohnt es sich, das eigene Konsumverhalten kritisch unter die Lupe zu nehmen.

Warum konsumiert ihr?

Neben den Dingen, die ihr wirklich für euren Familienalltag benötigt, bin ich mir sehr sicher, gibt es eine Vielzahl an Gegenständen, die du kaufst, aber nicht wirklich brauchst. Mit einem Kauf belohnen wir uns und das fühlt sich gut an. Wir tun uns etwas Gutes und das Gekaufte vermittelt uns ein Glücksgefühl. Dinge zu besitzen, macht allerdings nicht unweigerlich und auf Dauer glücklich, wie uns die Werbung gekonnt suggeriert.

> „Warum gibst du materiellem Besitz eine große Bedeutung? Welches Bedürfnis befriedigt der Konsum bei dir? Was ist dir im Leben wirklich wichtig?"

Das sind große und durchaus unbequeme Fragen, denen du dich auf dem Weg zu einem grünen Leben stellen solltest.

Was und wie viel konsumiert ihr?

Gehe in Gedanken die letzten drei oder auch sechs Monate durch und überlege, was du für dich bzw. die Kinder gekauft hast. Was davon hast du gebraucht, was nutzt ihr regelmäßig und was hattest du schon wieder vergessen? Ein Blick auf die Kontoabbuchungen, die Kreditkartenabrechnung oder in dein Konto des Onlineversandhändlers deines Vertrauens dürfte darüber schnell Aufschluss geben.

Wo konsumiert ihr?

Nimmst du deinen Konsum unter nachhaltigen Aspekten unter die Lupe, musst du dich ehrlicherweise auch fragen, wann du Dinge konsumierst, mit denen du dir ein relativ kurzfristiges Glücksgefühl kaufst. Am Abend auf der Couch bei einem Onlinehändler? Spontan, wenn du etwas Schönes in einem Geschäft entdeckst, oder ist die Shopping-Tour am Wochenende Teil deiner Freizeitbeschäftigung?

> **3 FRAGEN, DIE DU DIR VOR JEDEM KAUF STELLEN KANNST**
> 1. Brauche ich den Gegenstand wirklich? Oder anders gefragt: Wie oft werde ich ihn verwenden? Gewinne ich durch den Kauf mehr Zeit? Verbessert der Kauf meine Gesundheit? Macht mich der Kauf auch noch in einem Monat glücklich?
> 2. Besitze ich bereits etwas Ähnliches oder Gleiches?
> 3. Wo werde ich den Gegenstand aufbewahren?

Ausmisten für mehr Freiraum

Unser Kaufverhalten hat mit unserer Einstellung gegenüber dem eigenen Besitz zu tun. Nachdem du deinen Konsum unter die Lupe genommen hast und hoffentlich zu dem Schluss gekommen bist, dass mehr Besitz nicht automatisch glücklicher macht, schauen wir uns an, wie du dich von Überflüssigem trennen kannst. Es ist wichtig, altes Gerümpel loszuwerden. Viele Dinge machen Arbeit, müssen aufgeräumt werden und nehmen unweigerlich Platz und Zeit in Anspruch. Zeit, die du mit deinen Kindern verbringen kannst.

Ausmisten ist keine einmalige Tätigkeit. Mache es dir auch hier möglichst einfach. Nicht jedes Zimmer muss zu jedem Zeitpunkt minimalistisch aufgeräumt sein. Gemütliches Chaos macht das Zusammenleben mit Kindern doch irgendwie auch aus. Im Sinne der

Nachhaltigkeit landen die ausgemisteten Gegenstände oder Klamotten natürlich nicht im Müll. Alles, was noch gut in Schuss ist, kannst du auf dem Flohmarkt verkaufen oder verschenken.

> **AUSMISTEN UND ORDNUNG SCHAFFEN: FÜNF TIPPS FÜR MEHR PLATZ**
> 1. Suche dir ein Zimmer oder einen Themenbereich, mit dem du anfangen möchtest.
> 2. Frage dich bei jedem Gegenstand: Brauche ich ihn noch? Finde ich ihn noch schön? Habe ich noch mehr Gegenstände, die die gleiche Funktion besitzen?
> 3. Alles, was du vielleicht „irgendwann" mal noch brauchen könntest, kann auf jeden Fall weg.
> 4. Gib den Sachen, die du behalten möchtest, einen festen Platz.
> 5. Dinge, die regelmäßig in Gebrauch sind, müssen gut erreichbar sein.
> 6. Lege dir Kisten oder Körbe zur Aufbewahrung zu und beschrifte diese, so ist auch der Kleinkram ordentlich verstaut.

Wer mit Kindern zusammenwohnt, der weiß, dass sich schnell eine Menge Dinge anhäufen. Die Kleidung wird zu klein und die Spielsachen werden zu langweilig. Damit das Kinderzimmer nicht irgendwann aus allen Nähten platzt, musst du hier unweigerlich ausmisten. Meine Kinder fühlen sich außerdem in einem aufgeräumten und nicht zu vollen Kinderzimmer sehr viel wohler.

Das regelmäßige Ausräumen der Kleidung übernehme ich, bei den Spielsachen haben meine Kinder ein Mitspracherecht. Überfordere deine Kinder beim Ausmisten nicht. So eine Aufräumaktion ist für sie anstrengender, als wir Erwachsenen denken. Nehmt euch immer mal wieder einen kleinen Bereich vor und begrenzt die Zeit.

MITMACH-IDEE FÜR KINDER: GEMEINSAM AUSMISTEN
Stellt euch eine „Kann weg"- und eine „Mal Sehen"-Box ins Zimmer. Die „Mal Sehen"-Box wird nach ein paar Tagen wieder ausgeräumt. Entweder können die Sachen dann weg oder ihr behaltet sie.

> **AUSMISTEN UND ANDEREN EINE FREUDE MACHEN**
> In vielen Städten und Gemeinden hat es sich etabliert, dass ausrangierte Gegenstände, die man nicht verkaufen möchte, über die sich andere aber noch freuen, in Zu-Verschenken-Boxen an der Haustüre stehen oder am Gartenzaun hängen. Hier darf sich jeder frei bedienen.

Nachhaltig konsumieren im Familienalltag

Weniger zu konsumieren ist aus einem grünen Leben nicht wegzudenken. Familien, die nachhaltig leben wollen, kaufen nicht nur bewusster; sie überlegen zudem, welche Alternativen es neben dem Neukauf noch gibt und welche grünen Produkte einen kleineren ökologischen Fußabdruck hinterlassen.

Wir können hier ehrlich sein: Ganz ohne Konsum geht es natürlich nicht und ständig nach der grünen Alternative zu suchen, ist im Familienalltag nicht realistisch. Manchmal muss es einfach schnell gehen. Ich weiß das selbst. In drei Tagen braucht die große Tochter neue Leggings für die Tanzaufführung, die Trinkflasche der kleinen Tochter ist schon wieder verloren gegangen und die Oma will doch noch schnell eine Idee für ein Spielzeug, wenn sie am Wochenende zu Besuch kommt.

Der Onlineversandhändler meines Vertrauens regelt das dann schnell und einfach. Aber nicht immer nachhaltig. Das ist in Ordnung und kein Grund, ein schlechtes Gewissen zu bekommen. Dennoch gibt es grüne Alternativen zum Neukauf und auch bei großen Versandhändlern kannst du grüne Produkte kaufen. Welche Möglichkeiten das sind und wie du nachhaltige Produkte erkennst, erfährst du auf den nächsten Seiten.

Grüne Alternativen zum Neukauf

Gebraucht kaufen: Es gibt viele Gründe, warum Menschen Kleidung und Gegenstände verkaufen. Viele Sachen sind noch so gut wie neu, kaum getragen bzw. benutzt und kosten viel weniger als ein Neukauf.

Das Online-Angebot bei kleinanzeigen.de oder vinted.de ist riesig, aber auch auf Flohmärkten und in Secondhand-Geschäften kannst du fündig werden. Kaufe möglichst gebraucht, denn es muss nicht immer neu sein. Das schont euren Geldbeutel und entlastet das Klima.

Leihen und mieten statt besitzen: Um etwas zu benutzen, musst du es nicht besitzen. Du kannst es auch ausleihen oder mieten. Das funktioniert besonders gut bei Dingen, die du nur saisonal bzw. selten nutzt, wie z. B. ein Schlitten, eine Bohrmaschine, eine Strandmuschel, ein Zelt samt Isomatte und Schlafsack, einen Trekking-Rucksack, ein Waffeleisen usw.
- **Gehe in die Bücherei.** Die Bücherei ist für Kinder kostenlos, und dort kannst du nicht nur Bücher, sondern auch Comics, CDs, Spiele und Filme ausleihen. In manchen Bibliotheken gibt es eine Bibliothek der Dinge, in der verschiedene Gegenstände ausgeliehen werden können. Bei uns in München existiert seit einiger Zeit sogar eine Werkzeugbibliothek.
- **Frage Freunde, Bekannte oder Nachbarn,** wenn du etwas ausleihen möchtest. Auch auf Community-Plattformen wie nebenan.de werden Gegenstände verliehen. Wichtig ist natürlich, dass ihr pfleglich mit den Sachen umgeht und sie zeitnah zurückbringt.

> **WENN ES EIN BISSCHEN MEHR SEIN DARF:**
> **VIER MINIMALISMUS-CHALLENGES**
> 1. Kaufe einen Monat lang nur Sachen, die ihr *wirklich* braucht.
> 2. Kaufe einen Monat lang nur gebrauchte Sachen.
> 3. Mache die 30-Tage-Ausmist-Challenge. Dabei trennst du dich an Tag 1 von einem Gegenstand, an Tag 2 von zwei Gegenständen usw. Wenn du es bist Tag 30 durchhältst, dann hast du dich in einem Monat von 465 Gegenständen getrennt.
> 4. Für jede Sache, die du kaufst, trennst du dich von einem Gegenstand.

Reparieren und Upcycling

Sehr häufig landen Gegenstände im Müll, weil sie kaputt sind. Frage dich vor der Entsorgung: Kann ich diesen Gegenstand wirklich nicht mehr reparieren oder flicken? Kenne ich jemanden, der mir dabei helfen kann? Ich persönlich kann nicht nähen, aber die Omas sind immer froh, wenn sie für uns Kleidung flicken dürfen. In manchen Städten gibt es auch Repair-Cafés, in denen ehrenamtliche Mitarbeiter*innen bei der Reparatur helfen können.

Upcycling bedeutet, dass Kleidung, Möbel oder Geräte nicht einfach nur recycelt, sondern aufgewertet werden. Damit kannst du einem bereits ausgedienten Gegenstand eine neue Verwendung oder ein neues Aussehen geben. Bevor du Gegenstände, an denen du dich satt gesehen hast, also wegschmeißt, frage dich, ob du sie mit ein paar Veränderungen oder einem neuen Anstrich anders nutzen oder aufwerten kannst.

Grüne Produkte einkaufen

Die Anzahl an nachhaltigen Marken wächst stetig. Menschen gründen Unternehmen, um grüne Produkte aus allen Bereichen anzubieten. Von Kosmetik über Spielsachen und Möbel bis hin zur Mode. Es wird für uns immer einfacher, beim Kauf zu einer nachhaltigen Alternative zu greifen.

Ein Produkt ist vereinfacht gesagt dann nachhaltig, wenn es aus nachwachsenden Rohstoffen besteht und unter fairen Arbeitsbedingungen hergestellt wurde. Dabei spielen auch der umweltfreundliche Anbau der Rohstoffe, der Aufbau der Lieferkette und die Verpackung eine Rolle.

Checkliste für nachhaltiges Shopping:
Die folgende Checkliste kannst du vorm nächsten Einkauf durchgehen, um ein Produkt auf seine Nachhaltigkeit hin zu überprüfen:
- Wie und wo wurde das Produkt hergestellt?
- Welche Materialien wurden verwendet?
- Welche Informationen gibt es zur Herkunft?
- Wie ist das Produkt verpackt?
- Wofür steht die Firma generell?
- Kann das Produkt oder können Teile davon später wieder recycelt oder wiederverwertet werden?
- Hat das Produkt ein Siegel, das die Herkunft der Materialien und die Arbeitsbedingungen bei der Produktion unter nachhaltigen Aspekten zertifiziert?

Grüne Kleidung

Unsere Massen an günstiger Kleidung sind der Müll von morgen. Hier nebenbei ein Schnäppchen schlagen, dort noch schnell günstige Mode shoppen – und die Kinder wachsen so rasant aus ihrer Kleidung, dass keine Zeit bleibt, nach einer nachhaltigen Alternative Ausschau zu halten. Wir alle kaufen zu viel billige Fast Fashion.

Mittlerweile hat sich bei den meisten von uns zum Glück rumgesprochen, dass Fast Fashion alles andere als nachhaltig ist. Die Arbeitsbedingungen für Erwachsene und Kinder sind undurchsichtig, über die Chemikalien, die in unserer Kleidung stecken, wissen wir wenig, und über die Umweltbelastung an den Orten, an denen die Kleidung hergestellt wird, werden wir im Dunkeln gelassen. Kurzum: Die weltweite Textilproduktion ist für uns nicht gerade transparent.

Wie kannst du Nachhaltigkeit in deinen Kleiderschrank und den Kleiderschrank deiner Kinder einziehen lassen?
- **Kaufe gebraucht.** Egal ob Kinderkleidung oder Kleidung für dich selbst: Es gibt eine riesige Auswahl an günstigen und gut erhaltenen Stücken bei Kleinanzeigen, Vinted oder auch Momox Fashion.
- **Kaufe weniger.** Das spart Geld, Platz und Ressourcen. Bei deinem eigenen Kleiderschrank kannst du damit anfangen, dass du dich auf ein Minimum an zeitloser Kleidung beschränkst, die sich gut kombinieren lässt. Akzente werden mit ein paar ausgefallenen Stücken und Accessoires gesetzt.
Auch Kinder brauchen nicht viele Klamotten. Zeitlose, einfarbige Designs lassen sich hier allerdings schwieriger finden. Meine Kinder mögen es ohnehin bunt, und ich habe beschlossen, sie in ihrem bunten Kleidungsstil nicht einzuschränken. Sie dürfen kombinieren, was ihnen gefällt.

- **Kaufe Kleidung aus nachhaltigen Materialien.** Mit einem Blick auf das Etikett eines Kleidungsstückes kannst du erkennen, welche Materialien zu welchen Anteilen enthalten sind. Kleidung aus Naturfaser oder halbsynthetischen Materialien lässt sich gut biologisch abbauen. Dazu zählen Bio-Baumwolle, Hanf, Leinen, Modal, Seide, Wolle und auch Viskose.
Daneben gibt es die Kleidung aus synthetischen Materialien, die in der Herstellung, Nutzung und Entsorgung wenig umweltfreundlich sind. Dazu zählen Acetat, Elasthan, Polyacryl, Polyamid und Polyester. Auch wenn es schwer möglich ist, komplett auf Kunstfaser zu verzichten, so kannst du den Kauf zumindest minimieren.
- **Kaufe nachhaltige Kleidungsstücke.** In der Modeindustrie spricht man bei nachhaltiger Kleidung von Slow Fashion, Fair Fashion oder auch Eco Fashion. Damit ist gemeint, dass die Kleidung fair produziert wurde, frei von Schadstoffen ist und die verwendeten Materialien und die Verarbeitung umweltschonender ist.

Wie kannst du nachhaltige Modelabel erkennen?
Nachhaltige Mode ist, wie sollte es auch anders sein, nicht immer auf den ersten Blick auszumachen. In der Modeindustrie werden riesige Summen für das Marketing ausgegeben und ein Textilunternehmen mit grünen Versprechen geschmückt, obwohl die Mode wenig nachhaltig ist. Das nennt sich Greenwashing.

Als Gegenpol zur Fast-Fashion-Industrie gibt es mittlerweile ganze Labels, die ausschließlich nachhaltige Kleidung verkaufen und zum Glück gibt es verschiedene Siegel, die es dir erleichtern, nachhaltige Mode zu erkennen. Eine Übersicht über die gängigsten Siegel findest du im Abschnitt → „Umweltsiegel für Kleidung und Produkte".

GREENWASHING ERKENNEN

Greenwashing bedeutet, dass Unternehmen absichtlich den Eindruck erwecken, umweltfreundlich zu sein, um neue Kund*innen zu gewinnen. Leider ist für uns Verbraucher*innen Greenwashing nicht immer auf den ersten Blick zu erkennen.

So sieht Greenwashing aus:
1. Grüne Beschreibungen und Formulierungen: Jedes Produkt kann mit Begriffen wie umweltfreundlich, naturnah, nachhaltig, grün, klimaneutral beschrieben werden. Einfach so und ganz egal, ob das Produkt wirklich nachhaltig ist.
2. Ein Unternehmen hebt ein bestimmtes nachhaltiges Produktmerkmal oder eine bestimmte Produktgruppe aus seinem Sortiment besonders hervor und täuscht damit Umweltbewusstsein vor. Viele große Textilunternehmen haben mittlerweile eine „grüne Kollektion". Das bedeutet aber nicht, dass dem Unternehmen Nachhaltigkeit wirklich wichtig es. Es entsteht ein verzerrtes Image der Nachhaltigkeit.
3. Es wird mit Selbstverständlichkeiten geworben, die mitunter sogar gesetzlich vorgeschrieben sind.
4. Die Marketingabteilung eines Unternehmens entwirft ein eigenes Siegel, das nach Nachhaltigkeit aussieht, lässt es auf die Verpackung drucken, und schon wirkt ein Produkt nachhaltiger.
5. Hauptsache grün: Grüne Verpackung, grünes Logo, grüner Werbespruch und ein grünes Siegel, und schon werden Käufer*innen Nachhaltigkeit und Umweltfreundlichkeit suggeriert.

Greenwashing ist Verbrauchertäuschung. Firmen manipulieren unser Klimabewusstsein wissentlich für die eigenen Profitinteressen. Das macht es uns leider schwer, das wirklich nachhaltige Produkt zu erkennen. Werden diese grünen Lügen aufgedeckt, dann schadet das vor allem den Produkten, die wirklich für Nachhaltigkeit einstehen. Wenn du auf Nummer sicher gehen willst, dann kaufe Produkte mit verlässlichen Siegeln, die von unabhängiger Stelle geprüft werden. Schaue beim Kauf genau hin, informiere dich und lass dich nicht beirren von Greenwashing.

Die Deutsche Umwelthilfe zeichnet jedes Jahr Unternehmen mit dem Goldenen Geier für die dreisteste Umweltlüge des Jahres aus.
https://www.duh.de/goldenergeier/

Wo kannst du nachhaltige Kinderkleidung kaufen?
Es gibt verschiedene Labels, die sich komplett auf nachhaltige Kindermode spezialisiert haben und ihre Produkte in Online-Shops verkaufen. Zum Beispiel: hessnatur, Engel, Frugi, People War Organic, Band of Rascals, Disana, For Schur.
Recherchiere im Netz, ob es bei dir in der Nähe einen Concept-Store für nachhaltige Kinderkleidung gibt. Die Verkäufer*innen dort beraten dich sicherlich gerne. Auch in großen Bekleidungsgeschäften kannst du nachfragen, welche nachhaltigen Labels geführt werden. Online findest du nachhaltige Kleidung unter anderem im avocadostore.de oder bei greenstories.de.

RICHTIG WASCHEN REDUZIERT MIKROPLASTIK IM ABWASSER

Bei jedem Waschgang, bei dem du Kleidung aus Synthetik mitwäschst, gelangt Mikroplastik ins Wasser. Mit den folgenden Tricks kannst du Mikroplastik beim Waschen reduzieren:

1. Wasche mit niedriger Temperatur, das verringert das Ausschwemmen von Mikroplastik.
2. Wasche kurz. Je kürzer du synthetische Kleidung wäschst, desto weniger Plastik gelangt ins Abwasser.
3. Eine volle Waschmaschine und eine geringe Schleuderzahl reduzieren den Plastikabrieb beim Waschen.
4. Lasse den Weichspüler weg.
5. Wasche keine harten Gegenstände mit.
6. Nutze für deine synthetische Wäsche einen Waschbeutel gegen Mikroplastik, zum Beispiel von Gupyfriend, oder baue einen Mikrofaserfilter ein.

Grüne Spielsachen

Spielsachen lassen sich wunderbar gebraucht kaufen, sei es online oder auf dem Flohmarkt. Die Auswahl an neuwertigen Spielwaren ist schier unendlich. Möchtest du nachhaltiges Spielzeug neu besorgen, dann gibt es Online-Plattformen wie avocadostore.de, littlegreenie.de oder bio-kinder.de. Aber auch der Laden um die Ecke hat sicherlich eine grüne Auswahl. Spielsachen, die mit Batterien betrieben werden, sind nie nachhaltig und du solltest auf den Kauf verzichten.

Der nachhaltige Online-Einkauf

Online-Shopping ist nicht unbedingt nachhaltig, und mittlerweile können wir so ziemlich alles im Netz bestellen und tun es auch. Ich bin da keine Ausnahme, obwohl der lokale Einkauf viele Vorteile hat. Mit einem Einkauf im Laden um die Ecke unterstützt du die Ladenbetreiber*innen und ihre Angestellten, du bekommst im Idealfall eine persönliche Beratung und sorgst dafür, dass die Stadtviertel nicht aussterben.

Für mich ist es in den meisten Fällen allerdings zeitsparender und stressfreier, die schwarzen Leggings für die Tanzaufführung des Kindes online zu klicken, statt einen halben Nachmittag durch drei Geschäfte für Kinderbekleidung zu hetzen, um dann festzustellen, dass im Sommer keine langen Leggings verkauft werden und „schwarz ohne Muster" eine Farbe ist, die anscheinend sonst niemand kauft (wahre Geschichte). Als Mutter habe ich wenig Zeit und ich persönlich gehe überhaupt nicht gerne einkaufen. Online kann ich Produkte besser vergleichen, auf grüne Marken zurückgreifen, die der Laden um die Ecke nicht anbietet, und sichergehen, dass ich nicht umsonst losfahre. Ich denke, die Mischung macht's.

Mit den folgenden Tipps kannst du auch einen Online-Einkauf im Sinne der Nachhaltigkeit gestalten:
1. Kaufe nur, was du auch wirklich brauchst. Vor jedem Klick auf „Jetzt kaufen" fragst du dich: „Brauche ich diesen Gegenstand wirklich?" Am besten lässt du zwischen dem Kaufimpuls und dem tatsächlichen Kauf ein paar Tage verstreichen.
2. Nimm dir sonntagabends etwas Schönes vor und mach dein Smartphone aus. So kommst du gar nicht erst in Versuchung, schnell etwas zu kaufen. Der Sonntagabend ist der beliebteste Wochentag für Onlineshopping.
3. Vermeide Rücksendungen. In Deutschland wurden im Jahr 2021 geschätzte 500 Millionen (!) Pakete zurückgeschickt, deren Ausgang oft ungewiss ist, denn es gibt immer wieder Berichte darüber, dass Retouren vernichtet werden.
4. Unterstütze regionale Shops und grüne Marken. Branchenriesen haben natürlich eine große Auswahl, aber es sind vor allem regionale Shops und nachhaltige Marken, die besser für die Umwelt sind. Sei es aufgrund des kürzeren Transportweges oder weil eine Marke sich ganz transparent der Nachhaltigkeit verschrieben hat. Das Internet macht es überhaupt erst möglich, dass diese Marken gefunden werden und du sie kaufen kannst. Eine tolle Möglichkeit, den Online-Einkauf mit Nachhaltigkeit zu verbinden.
5. Ermögliche die Zustellung. Nachhaltigkeit bezieht auch soziale Aspekte mit ein, und wenn du dem Paketboten die Zustellung erleichterst, dann kannst du ihm vergebliche Zustellversuche ersparen.
6. Kaufe auf Vorrat. Ich persönlich kaufe unter anderem unsere Duschseifen bei einem bestimmten Online-Shop. Statt alle zwei Monate eine neue Bestellung zu klicken, kaufe ich Seifen für ca. ein halbes Jahr ein. Das spart Transportkosten, Verpackungsmaterial und meine Zeit.
7. Wirf Kartons nicht weg. Den Karton deiner Bestellung hebst du auf, um ihn später als Sortierbox für das Kinderzimmer oder die Abstellkammer zu benutzen, um damit eine Geschenkverpa-

ckung zu basteln oder um gebrauchte Sachen zu verschicken, die du online verkauft hast. Falls du gerade keine Verwendung für einen Karton hast, dann stelle ihn einfach zum Spielen ins Kinderzimmer. Jüngere Kinder sind wahnsinnig kreativ und freuen sich umso mehr, je größer der Karton ist.

NACHHALTIGE PRODUKTE SIND TEUER

Ja und Nein. Es stimmt, dass nachhaltige Produkte meistens mehr kosten. Das liegt daran, dass ein ökologisch verträgliches und unter gerechten Bedingungen hergestelltes Produkt teurer ist als ein Vergleichsprodukt. Diese Produkte sind allerdings meistens von besserer Qualität und können somit viel länger genutzt werden. Die Folgekosten für unsere Erde, die wir am Ende alle tragen werden, sind mit dem Kauf eines nachhaltigen Produktes niedriger.

Viele Marken, die grüne Alternativen zu bereits bestehenden Produkten auf den Markt bringen, achten zudem auf ein zeitloses Design. Egal ob Möbel, Deko, Kleidung oder Spielsachen, sie wurden nicht nach den Trends der Saison entworfen, sondern dafür, dass wir uns sehr lange daran erfreuen.

Durch unser Einkaufsverhalten nehmen wir großen Einfluss auf die Umwelt, denn die Herstellung von Produkten verbraucht immer Energie und Rohstoffe.

Unser Besitz kostet uns außerdem Geld, aber nicht nur das. Er kostet auch Zeit. Zeit, Dinge zu kaufen, zu verstauen, zu putzen, zu reparieren, zu benutzen. Zeit, die wir stattdessen mit sinnvollen Dingen und mit unseren Kindern verbringen können.

In diesem Kapitel hast du dein Konsumverhalten einmal ganz genau unter die Lupe genommen. Du musst nicht gleich von heute auf morgen einen minimalistischen Lebensstil bei euch in der Familie einführen, aber ein bewusster Konsum gehört zu einem nachhaltigen Leben dazu.

Umweltsiegel für Kleidung und Produkte

Umweltsiegel geben dir Orientierung beim Kauf nachhaltiger Kleidung und von Produkten. Die wichtigsten Siegel von Lebensmitteln findest du im Kapitel → „Wissen für Kids: Green Food Facts". Für eine nachhaltige Kaufentscheidung solltest du noch die folgenden Siegel kennen.

Siegel für nachhaltige Kleidung

Vor allem in der Modeindustrie gibt es eine Vielzahl an Siegeln, die die Preisschilder unserer Kleidung oder die Kleidung selbst schmücken. Was genau sich hinter den verschiedenen Bezeichnungen verbirgt, erfährst du auf den nächsten Seiten.

IVN Best
IVN = Internationaler Verband für Naturtextilwirtschaft. Dabei wird die gesamte Lieferkette vom Anbau der Faser bis zum fertigen Produkt zertifiziert. Das Siegel setzt sehr hohe Ansprüche in Sachen Nachhaltigkeit und Sozialstandards und gilt als das vorbildlichste Öko-Label der Branche. Aus diesem Grund ist das Siegel auch nicht so häufig auf Kleidung zu finden.

GOTS

GOTS = Global Organic Textile Standard. Dieses Siegel hast du sicherlich schon gesehen, denn es zählt zu den bekanntesten Textilsiegeln für faire Mode. GOTS ist der weltweit führende Textilverarbeitungsstandard für Bio-Fasern. Als unabhängige Non-Profit-Organisation bezieht er ökologische und soziale Kriterien bei der Herstellung von Textilien mit ein. Dabei unterliegt die gesamte textile Lieferkette einem unabhängigen sowie transparenten Zertifizierungsprozess.

Grüner Knopf

Der Grüne Knopf ist ein staatliches Siegel, das sozial und ökologisch nachhaltig produzierte Textilien kennzeichnet. Wer das Siegel bekommen möchte, der muss nicht nur Mindeststandards beim Produkt erfüllen, auch das Unternehmen muss nachweisen, dass es Verantwortung für Mensch und Umwelt in der Lieferkette übernimmt. 2022 kam eine neue Version des Siegels mit strengeren Anforderungen auf den Markt.

OEKO-TEX® MADE IN GREEN by OEKO-TEX® STANDARD 100

Das Siegel stellt hohe Anforderungen an die Betriebe, da es den Chemikalieneinsatz, die Umweltfreundlichkeit und die sicheren und sozialverträglichen Arbeitsplätze miteinbezieht. Die gesamte Lieferkette eines OEKO-TEX® MADE IN GREEN-Artikels kann mit der eindeutigen Produkt-ID bzw. des QR-Codes mit einem Label-Check (https://www.oeko-tex.com/de/label-check) transparent zurückverfolgt werden.

OEKO-TEX® STANDARD 100

Das Siegel zielt auf die Reduktion von Schadstoffen ab. Ist ein textiler Artikel mit dem OEKO-TEX® STANDARD 100-Label ausgezeichnet, wurden alle Bestandteile dieses Artikels auf Schadstoffe geprüft. Der Nachweis dafür erfolgt aktuell lediglich über die Untersuchung der fertigen Produkte auf Schadstoffrückstände. Die Produktionskette oder Sozialstandards bei der Herstellung werden dabei nicht berücksichtigt.

Bluesign

Dieses Siegel ist meistens auf Sport- und Outdoorkleidung zu finden, bei deren Produkten eine Vielzahl an Chemikalien verwendet werden. Für die Zertifizierung werden Produktionsabläufe bei der Textilveredelung, das heißt beim Färben, Bedrucken oder Beschichten von Textilien unter die Lupe genommen. Das Siegel bekommt, wer möglichst schadstoffarm produziert.

Fair Wear Foundation

Ziel der Fair Wear Foundation ist es, die Arbeitsbedingungen in Unternehmen der Textilindustrie weltweit zu verbessern. Der Schwerpunkt liegt dabei auf Betrieben, in denen Textilien genäht werden. Produkte, die dieses Siegel tragen, wurden in Fabriken hergestellt, die existenzsichernde Löhne bezahlen.

Siegel für nachhaltige Produkte

Nachhaltig zu konsumieren ist gar nicht so schwer. Dafür solltest du die Bedeutung der folgenden Siegel kennen.

Blauer Engel

Der Blaue Engel ist das weltweit erste Umweltzeichen. Schon seit über 45 Jahren kann man ihn auf verschiedenen Produkten finden. Der Umweltengel bedeutet, dass ein Produkt oder eine Dienstleistung besonders umweltschonend ist.

EU Ecolabel

Das Siegel der EU-Kommission wird an Produkte und Dienstleistungen vergeben, die geringere Umweltauswirkungen haben als vergleichbare Produkte. Es ist europaweit anerkannt.

Cradle to Cradle

Cradle to Cradle bedeutet „von der Wiege zurück zur Wiege". Ziel ist die Förderung eines Wirtschaftssystems ohne Abfall. Das heißt, dass alle Materialien, die in einem Produkt mit diesem Siegel eingesetzt werden, wiederverwertet oder biologisch abgebaut werden können, was ein sehr hoher Anspruch ist.

Das Siegel zeichnet Produkte aus, die umweltsichere, gesundheitlich unbedenkliche und kreislauffähige Materialien verwenden.

Umweltsiegel für Kleidung und Produkte

FSC®

Findest du das Siegel des FSC® (Forest Stewardship Council) auf Produkten aus Holz oder Papier, dann stammt das verwendete Holz aus nachhaltiger Waldwirtschaft. Dabei gibt es drei Abstufungen: FSC® 100 %, FSC® Mix und FSC® Recycling. Papierprodukte, die mit dem FSC® 100 % oder FSC® Mix Siegel gekennzeichnet sind, sind nicht zu empfehlen, da sie aus Holz, also aus Frischfaser hergestellt wurden, statt aus recyceltem Papier.

DURCHBLICK IM SIEGEL-DSCHUNGEL BEI SIEGELKLARHEIT

Die Website siegelklarheit.de ist eine Initiative der deutschen Bundesregierung. Auf der Website findest du Informationen zu glaubwürdigen Siegeln und Informationen zur Umweltfreundlichkeit und Sozialverträglichkeit.

 Verschaff dir Klarheit im Siegeldschungel

Wissen für Kids: Konsum-Check

Kaufen, das erledigen wir Erwachsenen. Welche Fragen können Kinder zum Thema Konsum haben? Bei uns eine ganze Menge, und die Beantwortung fällt oft nicht leicht. Aus diesem Grund gibt es auf den folgenden Seiten einfache Erklärungen auf große Fragen zum Thema Konsum und Nachhaltigkeit.

Meine Kinder sind beim Einkaufen häufig mit dabei, und da wird unweigerlich gefragt, ob sie nicht dieses oder jenes haben können. Da wir gebrauchte Gegenstände sehr regelmäßig verkaufen, klingeln zudem immer mal wieder fremde Menschen an unserer Tür, was ebenfalls Fragen aufwirft. Außerdem wägen wir Neuanschaffungen unter nachhaltigen Aspekten ab und reden selbstverständlich auch vor den Kindern darüber, die manchmal sehr genau zuhören.

Gebrauchtes kaufen und verkaufen

Dinge gebraucht zu kaufen oder zu verkaufen, ist für die Umwelt immer besser, als sie neu anzuschaffen. Da es sie bereits gibt, müssen sie nicht neu hergestellt werden. Bei der Herstellung wird immer Energie verbraucht und die fertigen Produkte müssen verpackt und transportiert werden.

Außerdem landen die gebrauchten Dinge dann nicht im Müll, obwohl sie noch gut sind und jemand anderes sie nutzen kann und sich darüber freut.

Neue Sachen sind schlecht für die Umwelt

Jedes Produkt, egal ob Kleidungsstück oder Spielzeug, hat einen ökologischen Fußabdruck. Er sagt etwas darüber aus, wie viel Energie es gekostet hat, dieses Produkt herzustellen und zu transportieren. Mit unseren großen Fußabdrücken sorgen wir gerade dafür, dass es unserer Erde nicht gut geht. Wir müssen darauf achten, dass unsere Abdrücke kleiner werden. Das funktioniert, indem wir weniger neue und mehr gebrauchte Sachen kaufen.

Dinge nicht „einfach so" kaufen

„Mama, warum kann ich das nicht haben?" Ich nehme mal an, dass auch du diese Frage schon häufig gestellt bekommen hast. Du bist für die Gesundheit deiner Kinder und auch für eure Finanzen verantwortlich. Weshalb die süße Tafel Schokolade wahrscheinlich genauso wenig im Einkaufswagen landet wie das überteuerte, ein Meter hohe Markenkuscheltier.

Ich möchte zudem, dass meine Kinder verstehen, dass wir nicht „einfach so" Dinge kaufen und dass ich grundsätzlich gegen Spielzeug aus Plastik bin. Letzteres wissen meine Kinder inzwischen. Sehen sie etwas, das ich ihnen kaufen soll, dann frage ich sie, warum sie genau diese Sache haben möchten. Was ihnen daran so gut gefällt und ob es daheim etwas gibt, das so ähnlich ist. Häufig schlage ich ihnen vor, dass wir noch einmal ein bisschen darüber nachdenken und es auf ihre Geschenke-Wunschliste setzen können, wenn es ihnen so wichtig ist.

Ausnahmen bestätigen natürlich die Regel. Genauso wie ich mir ab und zu einen Schokoriegel kaufe, kann ich vor allem bei Büchern und Bastelsachen für die Kinder schlecht nein sagen.

FAMILIENMÜLL VERMEIDEN UND RICHTIG TRENNEN

Müll, vor allem aus Plastik, zu vermeiden und anfallenden Müll richtig zu trennen, sind zwei wichtige Punkte in einem umweltbewussten Familienleben. Ich gebe zu, dass dieses Thema trocken und wenig spaßig daherkommt. Wer mag schon gerne über Abfall sprechen? Dabei müssen wir das dringend tun, denn es ranken sich allerlei Mythen um die richtige Mülltrennung, mit denen auf den nächsten Seiten aufgeräumt wird. Mit deinem neuen Wissen und meinen Tipps fällt die richtige Mülltrennung und -vermeidung leicht.

Am besten ist es natürlich, wenn wir alle am Müll sparen, sodass möglichst wenig davon anfällt. Das ist aber leichter gesagt als getan. Dennoch, es gibt viele Tipps, wie wir im Alltag Müll reduzieren und einsparen können. Eine erfolgreiche Müllvermeidung hat außerdem den wunderschönen Nebeneffekt, dass ihr bei euch daheim weniger häufig den Müll runterbringen müsst. Also, wenn das Argument nicht überzeugt, dann weiß ich auch nicht.

Auf Plastik verzichten

Plastik gibt es erst seit 70 Jahren in der Massenproduktion. Ein Grund, warum es so viel davon gibt: Es ist günstig in der Herstellung. Leider ist es auch unkaputtbar. Plastik verrottet nicht, sondern zersetzt sich sehr langsam in immer kleinere Teile, die uns und unserer Natur in Form von Mikroplastikpartikeln zunehmend Probleme bereiten. Wie genau es unserer Gesundheit schadet, ist noch nicht richtig erforscht. Klar ist aber, dass wir diese Kunststoffpartikel über unser Essen, die Luft und das Wasser wieder aufnehmen.

Verzichte so gut es geht auf Verpackungen und Einwegprodukte, vor allem wenn diese aus Plastik sind, um Müll zu vermeiden und um deinen ökologischen Fußabdruck zu verkleinern. Denn selbstverständlich hat auch die Verpackung selbst und deren Entsorgung Auswirkungen auf die CO_2-Bilanz eines Produktes. Viele Tipps hierzu gibt's im Kapitel → „Grüne Tipps fürs Familienmüll-Management".

Müll richtig trennen

Nur wenn wir unseren Müll richtig trennen, lässt er sich auch wiederverwerten. Glas, Verpackungen aus Papier und Kunststoff müssen getrennt entsorgt werden. Welcher Müll in welche Tonne gehört, ist regional unterschiedlich geregelt. Bei Unklarheiten musst du dich direkt bei deinem Entsorger informieren.

„Mülltrennung bringt nichts. Das Ganze wird doch eh wieder zusammengeworfen!"

Bilder von deutschem Verpackungsmüll, der anderswo auf der Welt auf Mülldeponien auftaucht, lässt einen durchaus an der Mülltrennung sowie an der Recycling-Idee zweifeln. Die Antwort ist allerdings eindeutig: *„Nur, wenn du deinen Müll richtig trennst, dann ist ein Recycling überhaupt möglich."* Vor allem Altpapier und Glas können und werden zu einem großen Teil (über 80 %) recycelt. Bei Plastik sieht das schon anders aus. Das liegt daran, dass es verschiedene Kunststofftypen gibt, die sortiert werden müssen.

> **WAS PASSIERT MIT UNSEREM PLASTIKMÜLL?**
> Unser Plastikmüll wird recycelt, verbrannt, als Ersatzbrennstoff in der Industrie verwendet oder exportiert. Auch in letzterem Fall gilt er offiziell als recycelt.

Die richtige Mülltrennung ist also wichtig, damit unser Hausmüll recycelt werden kann. Lass uns gemeinsam dein Wissen über die richtige Mülltrennung auffrischen. Damit die Infos nicht ganz so trocken daherkommen, findest du typische Mülltrennungsfehler in Sprechblasen deutlich abgehoben. Hast du's gewusst?

Papier

„Alles, was aus Papier besteht, kommt in die blaue Tonne."

Diese Aussage stimmt so nicht.

In die Papiertonne gehört folgender Müll: Zeitschriften, Zeitungen, Prospekte, Illustrierte, Kataloge, Briefe, Briefumschläge, Bücher ohne Einband, Hefte, Eierkartons, gefaltete Pappkartons, Papiertüten, Schreibpapier.

Das gehört nicht in die Papiertonne: verschmutztes Papier! Dazu zählt zum Beispiel der Pizzakarton, das benutzte Taschentuch oder das Backpapier. Auch beschichtetes Papier hat nichts in der blauen Tonne zu suchen. Getränkekartons gehören in den Verpackungsmüll. Tapetenreste, benutzte Küchenrolle, verschmutzte/fettige Servietten, Fotos, beschichtetes Geschenkpapier, Kassenzettel werden nicht im Papiermüll entsorgt. Sie gehören alle in den Restmüll.

Was ist eigentlich mit Briefumschlägen und Verpackungen mit Sichtfenster? Diese kannst du in den Papiermüll geben, ohne das Plastik herauszutrennen, da es später aussortiert werden kann.

In welche Tonne gehören Coffee-To-Go-Becher? Coffee-To-Go-Becher bestehen auf den ersten Blick zwar aus Papier beziehungsweise aus Pappe, trotzdem ist eine Entsorgung als Altpapier nicht möglich, da sie innen beschichtet sind. Sie zählen zu den Verpackungen und gehören in die Wertstofftonne. Meistens entsorgen wir sie ohnehin dort, wo wir sie kaufen: unterwegs. Sie landen in öffentlichen Mülleimern, deren Müll verbrannt wird.

Altglas

„Die Farbe spielt bei der Trennung von Glas keine Rolle."

Das ist falsch, denn Altglas lässt sich gut recyceln. Allerdings nur, wenn es nach Farben getrennt wurde. Achte also darauf, Glas sorgfältig in Weiß, Grün und Braun zu trennen. Besonders wichtig ist die Trennung bei weißem und braunem Glas. Blaues und buntes Glas kannst du beim grünen Glas entsorgen.

Nicht ins Altglas gehören Fenster- und Spiegelglas, Keramik und Trinkgläser. Kleine Mengen davon kannst du in den Restmüll geben, große Mengen gehören auf den Wertstoffhof.

Muss Altglas vor der Entsorgung gereinigt werden? Du musst die Gläser nicht ausspülen, bevor du sie entsorgst. Es reicht, wenn sie „löffelrein" sind.

Müssen die Deckel abgeschraubt werden? Nein, du musst die Deckel nicht abschrauben, da sie maschinell aussortiert werden können. Da dies aber aufwendig ist und diese grundsätzlich recycelt werden können, ist die gelbe Tonne der richtige Ort für die Deckel.

Verpackungen

Kommen wir zu dem Punkt, der in Sachen Müll weltweit die meisten Probleme bereitet: unser Verpackungsmüll, der überwiegend aus Plastik besteht.

> „Joghurtbecher müssen ausgespült werden, bevor wir sie in die Mülltonne geben."

Das stimmt nicht. Das Auslöffeln der Becher reicht völlig aus, denn sie werden ohnehin gereinigt. Das nennt sich „Restentleert". Aber Achtung: Du darfst die Becher nicht stapeln. Besteht der Becher aus mehreren Stoffen (Pappbanderole, Aludeckel), dann gehört die Pappe in den Papiermüll und der Deckel sollte vollständig vom Becher abgezogen werden. Klingt kompliziert? Die einfachere und umweltfreundlichere Alternative ist der Joghurt aus dem Glas.

In die gelbe Tonne oder die Wertstofftonne gehören Kunststoffe. Dazu zählen Getränkekartons, Kunststoffverpackungen, Kunststoff-

Flaschen, Kunststoff-Becher, Styropor, Verpackungsfolien. Außerdem Dosen/Alu, wie zum Beispiel Alufolien, Aluminium, vollständig leere Spraydosen, Kronkorken, Schraubverschlüsse von Flaschen und Gläsern, Weißblech, Konservendosen.

Das gehört nicht in die gelbe Tonne: Luftballons, Klarsichthüllen, Plastikrasierer, Zahnbürsten, Plastikspielzeug, Schüsseln, Videokassetten (für alle, die noch wissen, was das ist), Medikamente, kaputte Luftmatratzen oder Schwimmflügel, CDs und DVDs.

> **EINFACHE FAUSTREGEL FÜR DEN GELBEN SACK BZW. DIE WERTSTOFFTONNE**
> Stelle dir die Fragen: „*Ist es Verpackung?*" Kannst du die Frage mit „*Ja*" beantworten, dann kommt der Müll in den gelben Sack bzw. die Wertstofftonne.

Biomüll

„Biomüll ist eine eklige Angelegenheit."

Ich finde ja, es geht. Vor allem, wenn man weiß, dass man den Behälter mit Zeitungs- oder Küchenpapier auslegen darf und dieses Papier dann auch in den Biomüll darf.

Die Biomülltonne und ich haben kein sehr gutes Verhältnis, denn leider glänzte sie nach einem Umzug in eine neue Gemeinde durch ihre Abwesenheit. Mit Erschrecken haben wir festgestellt, dass sich dadurch die Menge unseres Restmülls drastisch erhöht hat. Nach der jahrelangen Nutzung einer Biomülltonne war ich regelrecht schockiert darüber, wie man Küchenabfälle nicht zur Gewinnung von Energie und Erden nutzen kann, sondern sie im Restmüll „verschwendet".

Das gehört in den Biomüll: Gemüse-, Salat- und Obstreste (roh und gekocht), Fleisch- und Fischreste (roh und gekocht), Kartoffel-, Eier-, Nuss- und Obstschalen, Brot und Backwaren, Kaffeesatz, Kaffeefilter, kleine Mengen Blumen und Pflanzen (ohne Topf), Blumenerde, Laub, Gras, Baum- und Strauchschnitt. Zeitungs- und Küchenpapier sind in kleinen Mengen ebenfalls erlaubt, falls du damit deinen Behälter für den Biomüll auslegen möchtest. Auch verdorbene Lebensmittel wie Joghurt oder Quark können ohne Verpackung in die Biotonne.

Das darf nicht in den Biomüll: Katzenstreu und Asche.

Finger weg von kompostierbaren Biomülltüten: Du solltest diese Tüten nicht nutzen, da sie sich zu langsam zersetzen, sowohl auf dem Kompost als auch in der Biomülltonne. Küchenabfälle müssen gar nicht in einer Tüte verpackt werden. Da der Behälter für den Biomüll eine eklige Angelegenheit sein kann, kannst du ihn mit Zeitungspapier auslegen.

Restmüll

„In die Restmülltonne darf grundsätzlich alles rein."

Das ist natürlich Blödsinn. Restmüll ist lediglich der Müll, der nicht mehr recycelt werden kann, und deshalb verbrannt wird.

In den Restmüll gehören: Staubsaugerbeutel, Straßenkehricht, Asche, Zigarettenkippen, Katzen- und Kleintierstreu, Malerfolien, Teppichbodenreste, Tapeten (in kleinen Mengen), Windeln, Hygieneartikel, Kerzen, Spiegel- und Fensterglas, Glühlampen, Spielzeug, Medikamente, schmutziges und beschichtetes Papier.

Was darf auf keinen Fall in den Restmüll? Batterien, Elektroschrott, Energiesparlampen, Akkus und Pfannen.

> **WO KANNST DU MÜLL ENTSORGEN, FÜR DEN ES KEINE TONNE GIBT?**
>
> Müll, für den es keine Tonne gibt, musst du auf den Wertstoffhof bringen oder vom Sperrmüll-Abholdienst abholen lassen. Bei uns gibt es auch ein Wertstoffmobil, das zu festen Tagen und Uhrzeiten an bestimmten Plätzen im Stadtviertel steht und Wertstoffe annimmt.
>
> Auf den Wertstoffhof gehören Elektrogeräte, LED- und Leuchtstoffröhren und CDs sowie DVDs. Außerdem Metalle, Kunststoffe wie Eimer, Gießkannen, Blumenübertöpfe, Haushaltsgeräte, Eisenwaren, E-Zigaretten und Batterien. Letztere kannst du auch in Sammelboxen für alte Batterien in vielen Geschäften abgeben.

Smartphones richtig entsorgen

Smartphones gehören nicht in den Hausmüll, denn sie lassen sich recyceln. Dabei wird das Handy zerkleinert, um an die wertvollen Metalle zu gelangen, die in ihnen verbaut sind. Alte Geräte, die noch funktionieren, die aber niemand mehr kaufen möchte, sind recycelt besser für die Umwelt, als in der Schublade zu verstauben. Und davon liegen in Deutschland geschätzte 200 Millionen rum. Verrückt, oder?

Spenden: Defekte oder funktionierende Smartphones kannst du spenden. Am einfachsten erkundigst du dich im Internet über Handysammelstellen in deiner Region.

Entsorgen: Kommt eine Handyspende nicht infrage, entsorgst du dein altes Smartphone auf dem Wertstoffhof, im Elektrohandel oder Handyshop. Hersteller von Elektronikgeräten sind gesetzlich dazu verpflichtet, Altgeräte zurückzunehmen und richtig zu entsorgen.

KINDER-KLEIDUNG RICHTIG ENTSORGEN

1. **Aussortieren:** Das Chaos im Kinder-Kleiderschrank wird langsam unübersichtlich? Alte, neue, noch zu große und schon zu kleine Sommer- und Winterklamotten fliegen wild durcheinander? Dann wird es Zeit aufzuräumen. Stelle für zu klein gewordene Kleidung zwei Kisten bereit: Die „Kann weg"- und die „Ist noch gut"-Kiste.
2. **Verkaufen & Verschenken:** Jacken, Schuhe, Matschhosen und Schneeanzüge lassen sich online immer gut verkaufen. Schwieriger wird es da schon mit T-Shirts, Bodys, Leggings & Co. Solche Klamotten gehen gut auf dem Flohmarkt weg. Du kannst sie auch noch eine Weile aufheben (Karton beschriften nicht vergessen) und im Familien- und Freundeskreis verschenken, wenn sich Nachwuchs ankündigt. Ich habe mit Erfolg auch schon ganze Kleidungskisten einer Größe online eingestellt und als Gesamtpaket verkauft.
3. **Kleidung richtig spenden:** Gut erhaltene Kleidung kannst du spenden. Also ab damit in den Altkleidercontainer? Kommt drauf an. Dass die Spende bei Bedürftigen ankommt, ist leider oft vorgetäuscht, denn nicht selten werden sie an diese weiterverkauft. Aus diesem Grund ist es wichtig, dass du darauf achtest, deine Kleider in eine Kleidersammlung zu geben, deren Erlöse ausschließlich karitativen Zwecken zugutekommen. Auf der Website des Vereins FairWertung kannst du dich über faire Altkleidersammlungen in deiner Gegend informieren und Sammelstellen finden: fairwertung.de.
4. **Die „Kann weg"-Kiste:** Klamotten, die zu alt sind, um sie noch einmal zu tragen, kommen grundsätzlich in den Restmüll. Du kannst sie aber auch in Vierecke schneiden und als Putzlappen verwenden. Solltest du allerdings, so wie ich, mittlerweile genügend Putzlappen haben, dann eignen sich diese Stoffreste wunderbar als Ersatz für die Küchenrolle.

Grüne Tipps fürs Familienmüll-Management

Ist es überhaupt möglich, das Müllproblem in Familien nachhaltig anzugehen? Vor allem im Bereich des Verpackungsmülls haben wir meist schlichtweg keine Wahl. Immerhin ist nahezu alles im Supermarkt verpackt, meist in Plastik. Es gibt dennoch viele einfache Stellschrauben, um Abfall zu sparen. Ist der Müll einmal angefallen, dann ist die richtige Trennung wichtig, damit dieser recycelt werden kann. Auf den folgenden Seiten findet ihr viele Ideen, um das Thema Müll im Familienalltag anzugehen.

Damit wir nicht irgendwann im Abfall versinken, steht vor der richtigen Mülltrennung immer die Müllvermeidung. Durch einen bewussten Konsum kaufen wir weniger und achten beim Kauf auf Nachhaltigkeit und Qualität. Auch das spart Müll. Viele Tipps und Impulse zu einem bewussten Konsumverhalten kannst du in dem Kapitel → „Konsum in der Green Family Edition" nachlesen. Auf den folgenden Seiten konzentrieren wir uns vor allem auf den Verpackungsabfall.

Müll vermeiden in Familien

- Frage dich bei jedem Kauf: Gibt es eine plastikfreie Alternative? Gibt es ein Mehrwegprodukt?

> **BITTE KEINE WERBUNG**
> Müllvermeidung kann so einfach sein: Bringe ein „Bitte keine Werbung"-Schild an deinem Briefkasten an.

- Hab immer eine Einkaufstasche dabei. Beim Einkauf von Lebensmitteln denken die meisten von uns an den Stoffbeutel. Aber was ist mit all den Tüten, die uns in Kleidungsläden oder Deko-Geschäften in die Hand gedrückt werden? Am besten hast du immer einen kleinen Stoffbeutel in deiner Tasche griffbereit, dann hast du bei jedem Einkauf die Möglichkeit, deine Errungenschaften nachhaltig zu transportieren.

> **STOFFBEUTEL VERSUS PLASTIKTÜTE VERSUS PAPIERTÜTE**
>
> Stoffbeutel vergessen? Macht nichts, dann greifen wir beherzt zur Papiertüte an der Kasse. Hauptsache keine Plastiktüte. Das Problem: Da Plastik so einfach herzustellen ist, hat eine reißfeste Papiertüte eine schlechtere Ökobilanz als eine Plastiktüte. Erst, wenn du sie mehr als dreimal nutzt, ist sie der Plastiktüte vorzuziehen.
>
> Ein Stoffbeutel muss übrigens mehr als 20-mal benutzt werden, um in der Ökobilanz besser abzuschneiden.

- Nimm einen Stoffbeutel für den Einkauf beim Bäcker mit. Ich weiß nicht, wie oft du zum Bäcker gehst, aber bei uns in München zählt die Brezel quasi zu den Grundnahrungsmitteln von Kindern und der tägliche Gang zum Bäcker des Vertrauens ist fester Bestandteil unseres Nachmittagsprogramms. Du kannst sicher schnell selbst im Kopf überschlagen, wie viele Tüten Müll wir durch einen Bäcker-Beutel allein in einem Jahr einsparen.
- Kaufe unverpacktes Obst und Gemüse und verzichte unbedingt auf die Hemdchen-Beutel, um dieses zu transportieren. Viele Obst- und Gemüsesorten kannst du einfach lose in den Einkaufswagen legen oder du hast ein Mehrwegnetz dabei.
- Kaufe unverpacktes Fleisch, Wurst und Käse an der Theke und bringe deinen eigenen Behälter mit.
- Greife auf Großpackungen zurück. Haltbare Lebensmittel kannst du im Vorratspack kaufen. Dadurch sparst du eine Menge Müll, einen zusätzlichen Gang zum Supermarkt und meistens auch Geld, denn diese sind günstiger.
- Nachfüllbeutel bei Seifen oder Gewürzen reduzieren ebenfalls Verpackungsmüll.
- Meide Lebensmittel, die zusätzlich einzeln verpackt sind.

> **WENN DU EINEN SCHRITT WEITER GEHEN WILLST:**
> **ZERO WASTE EINKAUFEN**
>
> Bei einem Einkauf in einem Unverpackt-Laden kannst du Lebensmittel ohne Verpackung kaufen und somit jede Menge Müll sparen. Auch bei mir gibt es einen Unverpackt-Laden um die Ecke. Im trubeligen Familien-Alltag mit zwei kleinen Kindern hat sich der Einkauf dort für mich leider als nicht praktikabel herausgestellt. Wenn du einen Unverpackt-Laden kennst, den du zu Fuß oder mit dem Fahrrad erreichen kannst, dann probiere einen Zero-Waste-Einkauf einfach mal aus. Wer weiß, vielleicht kannst du ihn besser in deinen Alltag integrieren als ich.

- Finger weg von Wasserflaschen aus dem Supermarkt, trinke Leitungswasser. Das spart Zeit, Geld und ist gut für die Umwelt. Wenn du gerne Sprudelwasser trinkst, dann kaufe dir einen Wassersprudler. Solltest du, warum auch immer, kein Leitungswasser trinken, dann achte unbedingt darauf, dass du Mehrweg- statt Einwegflaschen kaufst.

> **PAPIER ODER PLASTIK?**
> **GREIFE ZUR UMWELTFREUNDLICHEN VERPACKUNG**
>
> Was ist die umweltfreundlichere Verpackung, Papier oder Plastik? Tatsächlich lässt es sich nicht pauschal sagen, welche Verpackung umweltfreundlicher ist. Plastik hat meist eine bessere Ökobilanz als Papier, kann aber schlechter recycelt werden und bleibt als Müll auf unserer Erde. Papier besteht aus einem nachwachsenden Rohstoff, nämlich Holz, und verrottet im Gegensatz zu Plastik. Papier ist aber nur dann gut, wenn es nicht beschichtet ist, ansonsten darf es nicht im Altpapier landen. Ja, es ist kompliziert. Leider.
>
> Der Begriff „recyclingfähig" auf einer Verpackung bedeutet übrigens nicht, dass diese auch recycelt wird.

- Nimm deinen eigenen wiederverwendbaren Kaffeebecher mit oder kaufe deinen Kaffee in Läden, die sich am RECUP-System beteiligen. Die RECUP-Becher kannst du nach Gebrauch bei allen RECUP-Partnern zurückgeben. Neben Bechern gibt es auch ein REBOWL-System für Take-away-Food.
- Hab eine wiederverwendbare Wasserflasche dabei, die du bei Durst unterwegs auffüllen kannst. Das geht in Deutschland an Trinkbrunnen oder kostenlosen Refill-Stationen, die du an einem Refill-Aufkleber erkennst.
- Eine Brotbox mit kleinen Snacks für die Kinder und deine Nerven sollte in deinem Unterwegs-Gepäck nie fehlen.
- Kaufe recyceltes Papier. Je mehr Menschen zu recyceltem Papier greifen, desto besser, damit ein Umdenken stattfindet und es immer öfters angeboten wird. Recyclingpapier erkennst du übrigens nicht daran, dass es braun ist. Häufig sind Produkte eingefärbt, um überhaupt erst einen solchen gleichmäßigen Braunton erreichen zu können und sollen nur einen grünen Eindruck vermitteln. Am Umweltzeichen „Der Blaue Engel" kannst du Recyclingpapier aus 100 % Altpapier erkennen.
- Nutze Recycling-Klopapier. Mit jedem Frischfaser-Klopapier spülst du den Rohstoff Holz direkt die Toilette runter. Recycling-Toilettenpapier zu nutzen ist eine der einfachsten Veränderungen, um Ressourcen zu sparen.

MITMACH-IDEEN FÜR KINDER:

- Stellt eine Sammelbox für Papierreste auf. Dort landet Papier, das noch für Bastel- oder Malprojekte genutzt werden kann.
- Zieht am Ende der Woche eine gemeinsame Müllbilanz. Welcher Mülleimer ist besonders voll? Welche Verpackungen tauchen immer wieder auf? Wie könnt ihr diese Verpackungen einsparen?
- Stellt eure Snacks selbst her. Ich weiß, dass es im Alltag mitunter schwierig ist, es gibt aber viele simple Ideen, um Müsliriegel oder kleine Snacks schnell selbst herzustellen. Bei uns spart das richtig viel Müll, ist aber auch nicht immer umsetzbar.

Grüne Tipps fürs Familienmüll-Management 97

> **LIEBLINGS-MÜLL-VERMEIDUNGS-MITMACH-TIPP ALLER KINDER**
> Esst gemeinsam ein Eis in der Waffel. Das schmeckt und kommt ganz ohne Verpackung aus. Nachhaltigkeit kann also auch lecker sein.

- Bemalt Stoffbeutel, die ihr zum Einkaufen und zum Bäcker mitnehmt.
- Werdet Einkaufsdetektive: Macht euch beim Einkauf auf die Suche nach verpackungsfreien Lebensmitteln oder Großpackungen.
- Geht gemeinsam Müllsammeln. Kinder lieben es, Müll zu sammeln. Dabei haben sie eine Aufgabe, sie sind an der frischen Luft und sie sehen, was mit dem Müll in der Natur passiert. Ich statte meine Kinder dafür immer mit einer Grillzange und einem Beutel aus.

DIE SACHE MIT DEM WIEDERAUFBEREITETEN MEERESPLASTIK

Ein Produkt aus wiederaufbereitetem Meeresplastik zu produzieren, ist ein gutes Mittel, um sehr öffentlichkeitswirksam auf das Problem Plastik im Meer aufmerksam zu machen.

Damit mehr Menschen hinschauen, kannst du diese Unternehmen mit dem Kauf ihrer Produkte unterstützen. Mache dir aber bewusst, dass Plastik, das aufwendig aus dem Meer geborgen wird, keine gute Ökobilanz haben kann. Das bedeutet, dass die umweltbelastende Energie, die benötigt wird, um das Plastik zu bergen, wesentlich höher ist als die Produktion von neuem Plastik. Der einzig sinnvolle Weg ist es, Plastikmüll zu vermeiden.

Außerdem müssen wir Verbraucher ganz genau hinschauen und hinterfragen, was es bedeutet, wenn Firmen davon sprechen, Meeresplastik zu recyceln. Es kann nicht einfach Plastik aus dem Meer gefischt werden und daraus zum Beispiel Kleidung oder ein Schuh hergestellt werden. Das liegt daran, dass es viele verschiedene Arten von Plastik gibt und sich nur die wenigsten zum Recyceln eignen.

Angebliches Meeresplastik, das für Kleidung benutzt wird, besteht in der Regel aus PET-Flaschen. Es wird davon ausgegangen, dass diese Flaschen selten aus dem Meer gefischt werden und noch andere Flaschen für die Produktion dazugemischt werden. Transparenz aufseiten der Unternehmen gibt es wenig.

Plastik aus dem Meer zu bergen ist aber selbstverständlich sinnvoll. Es wieder aufzubereiten absolut ökologischer Unsinn.

Mit Kindern den Müll richtig trennen

Nur durch die richtige Trennung gibst du Abfall die Chance auf ein zweites Leben. Welcher Müll in welche Tonne gehört, kannst du im Kapitel → „Müll richtig trennen" nachlesen. Deinen Kindern die richtige Mülltrennung beizubringen, geht ganz einfach nebenbei. Ich gehe einmal davon aus, dass du deinen Kindern nicht bis ins Erwachsenenalter hinterherräumst, und schon allein aus dieser Tatsache werden sich unzählige Möglichkeiten ergeben, hier den Grundstein für die richtige Mülltrennung zu legen.

MITMACH-IDEEN FÜR KINDER:
- Beklebt die verschiedenen Mülleimer bei euch im Haushalt mit Symbolen für Papier, Plastik, Restmüll, Glas und Kompost. So ist für jedes Familienmitglied ersichtlich, welcher Abfall wohin gehört.
- Papiermüll, ja oder nein? Lass deine Kinder den Reißtest machen. Lässt sich das Papier problemlos reißen und ist unverschmutzt, darf es in die Papiertonne.
- Trenne im Alltag gemeinsam mit deinen Kindern den Müll, wo ihr nur könnt.
- Sammelt euren Müll eine Woche lang, ohne ihn zur Mülltonne zu bringen, und schaut gemeinsam, wie viel Müll in dieser Zeit angefallen ist.

Wissen für Kids: Alles Müll, oder was?

Sobald ein Kleinkind laufen kann, werden kleine Spaziergänge richtig spannend. Es ist herrlich, mit welcher Neugierde alles aufgehoben wird. Wenig überraschend ist, dass die Kinder dabei auch eine Menge Müll finden. Sie lernen sehr jung etwas über unseren Abfall: ungenießbar, ekelhaft, wird nicht angefasst. Mit fortschreitendem Alter bringen wir ihnen bei, dass Müll nicht auf den Boden geschmissen wird, sondern in verschiedene Mülltonnen. Doch was passiert eigentlich mit dem Müll, wenn wir den Mülltonnendeckel wieder schließen? Was ist Zero Waste und wer ist der Tidyman?

Ich finde es super, dass du immer noch beim Thema Müll in diesem Buch hängengeblieben bist. Sobald Kinder den ersten Müll aufheben, fangen wir an, mit ihnen darüber zu sprechen und hören auch eine ganze Weile nicht damit auf. Das reicht von Erklärungen, warum Müll nicht achtlos in die Natur geworfen wird, bis hin zur Bitte an Teenager, den Müll runterzubringen.

Das ist Müll

Müll ist alles, was wir wegschmeißen. Dazu gehören Verpackungen, Essensreste, Windeln, kaputtes Spielzeug, leere Flaschen, gebrauchte Zahnbürsten, Kleidung, Möbel usw.

Darum ist Müll schlecht für die Umwelt

Unser Müll verschwindet nicht auf magische Weise. Alles, was wir auf der Erde herstellen, bleibt auch auf der Erde. Leider produzieren wir Menschen zu viel Müll und wissen nicht mehr, wohin damit.

Müll in der Natur wird von Tieren gefressen, die daran sterben. Unser Abfall kann auch giftige Stoffe enthalten, die durch den Regen in den Boden eindringen. Dadurch gehen Pflanzen und Wälder kaputt. Zudem gelangen Giftstoffe so in unser Grundwasser.

Familienmüll vermeiden und richtig trennen

Das passiert mit unserem Müll
Im besten Fall wird unser Müll wiederverwertet. Das nennt man Recycling und bedeutet, dass aus altem Müll etwas Neues hergestellt wird. Müll, der nicht recycelt werden kann, wird meistens verbrannt. Das ist vor allem der Abfall, der in der Restmülltonne landet.

Aus altem Glas kann neues Glas hergestellt werden und aus benutztem Papier wird Recyclingpapier. Aus Biomüll wird Komposterde und aus Plastik können neue Verpackungen, zum Beispiel für Duschgel, Seifen oder Cremes hergestellt werden. Damit das Recycling funktioniert, ist es so wichtig, dass wir unseren Müll richtig trennen.

Das ist Mikroplastik
Plastikstücke, die kleiner als 5 mm sind, also teilweise mit dem bloßen Auge nicht erkannt werden können, werden als Mikroplastik bezeichnet. Es ist überall in unserer Natur: im Boden, im Wasser und in der Luft. Das meiste Mikroplastik gelangt durch das Autofahren in unsere Umwelt, denn beim Fahren verlieren die Reifen winzig kleine Mikroplastikteilchen. Aber auch achtlos weggeworfene Verpackungen, Tüten oder Plastikflaschen verrotten nicht, sondern zersetzen sich in immer kleinere Teilchen.

Was passiert mit Müll, der in der Natur landet?
Im besten Fall zersetzt er sich in immer kleinere Teile, bis er irgendwann verschwunden ist. Das passiert allerdings nur mit unserem Biomüll. Schalen von Obst, Kaffeesatz, Eierschalen und Brotreste sind kompostierbar. Das heißt, dass aus ihnen Komposterde wird. Plastik dagegen zersetzt sich zu immer kleineren Teilen, die wir irgendwann als Mikroplastik bezeichnen. Welche Auswirkungen das zum Beispiel auf unsere Gesundheit hat, wissen wir Menschen noch

nicht. Aber was passiert eigentlich mit der Glasflasche, dem Kronkorken oder dem Zigarettenstummel, der in der Natur herumliegt? Diese Dinge brauchen oft viele Jahre, bis sie sich zersetzt haben.

MITMACH-IDEEN FÜR KINDER:

- Macht ein Wissens-Quiz und ratet, wie lange es braucht, bis sich ein bestimmter Gegenstand zersetzt hat. Na, wie oft habt ihr richtig gelegen?
  Papiertaschentuch: 3 Monate bis 1 Jahr
  Zeitung: 1 bis 3 Jahre
  Zigarette: 1 bis 5 Jahre
  Kaugummi: 5 Jahre
  Aludose: 100 bis 500 Jahre
  Plastikfolie: 30 bis 40 Jahre
  Feuerzeug: 100 Jahre
  Plastikflasche: 100 bis 1.000 Jahre
  Glasflasche: 4.000 bis 50.000 Jahre

- Macht ein Müll-Experiment: Ihr braucht mehrere Blumentöpfe, gefüllt mit Erde. Darin verbuddelt ihr verschiedenen Müll, z. B. Apfelbutzen, Bananenschalen, Joghurtbecher, Papiertaschentuch, Briefumschlag. Markiert den Müll mit einem Zahnstocher und einem Stück Papier daran, damit ihr später wisst, was ihr an welcher Stelle vergraben habt. Jetzt heißt es abwarten. Schaut innerhalb der nächsten Wochen immer mal wieder nach, was aus dem Müll geworden ist.

Das bedeutet Zero Waste

Zero Waste ist ein englisches Wort. Zero heißt Null und Waste bedeutet Müll. Zero Waste heißt übersetzt: Null Müll. Manche Menschen schaffen es tatsächlich, nur ganz wenig Müll zu produzieren.

Das sind Einwegverpackungen

Eine Einwegverpackung wird einmal genutzt und landet dann im Mülleimer. Je mehr Müll es gibt, desto schlechter ist das für unsere Umwelt. Aus diesem Grund sind Einwegverpackungen nicht besonders gut für unsere Erde.

Das sind Mehrwegverpackungen

Mehrwegverpackungen können öfters verwendet werden. Dazu gehören Mehrweg-Glasflaschen mit Saft aus der Region. Auch Brotdose und Trinkflasche sind Mehrwegverpackungen.

> **NACHGEFRAGT: MIT KINDERN IM DIALOG BLEIBEN**
>
> Es ist Zeit, mit den Kindern ganz konkret über den Müll im eigenen Haushalt zu sprechen. Los geht's.
> - Wisst ihr, welcher Müll in welchen Mülleimer gehört? Wo stehen diese Mülleimer bei uns?
> - Welche Mülltonne ist bei uns ständig voll?
> - Habt ihr Ideen, wie wir Müll sparen können?
> - Seht ihr oft Müll in der Natur oder auf dem Spielplatz rumliegen?

Die Symbole auf den Verpackungen

Keine Verpackung kommt mehr ohne Siegel oder Symbol aus. Das ist auch gut so, denn so könnt ihr grüne Produkte erkennen und Verpackungsmüll richtig entsorgen. Aber nur, wenn ihr auch die Bedeutung der Symbole kennt.

Einwegpfand: Dosen und Flaschen, die nur einmal benutzt werden, haben ein Pfandlogo. Wir bezahlen beim Kauf ein Pfand, also einen kleinen Geldbetrag. Diesen Betrag bekommen wir wieder zurück, wenn wir die Dosen und Flaschen in den Laden zurückbringen. Dort werden sie dann weggeschmissen.

Mehrweg: Auch für Mehrwegflaschen müssen wir Pfand bezahlen. Diese Flaschen sind meist aus Glas und werden dorthin zurückgebracht, wo sie abgefüllt wurden, sauber gemacht und wieder befüllt. Sie sparen also eine Menge Müll. Leider gibt es, Stand heute, immer noch keine einheitliche Kennzeichnung für Mehrweg.

Durchgestrichene Mülltonne: Ist auf einem Elektrogerät eine durchgestrichene Mülltonne abgebildet, dann darfst du es nicht einfach wegschmeißen. Du musst es zum Wertstoffhof bringen.

Der Tidyman: Tidyman ist ein englisches Wort und bedeutet Saubermann. Er soll uns daran erinnern, dass wir unseren Müll richtig entsorgen.

Recycling-Zeichen: Das Recycling-Symbol bedeutet, dass diese Verpackung wiederverwertbar ist. Landet sie in der richtigen Mülltonne, kann sie recycelt werden.

GRÜN UNTERWEGS: NACHHALTIGE MOBILITÄT FÜR FAMILIEN

Du hast es wahrscheinlich schon geahnt: Wir müssen in diesem Buch auch über „die Sache mit dem Auto" sprechen. Und da hört für viele der Nachhaltigkeits-Spaß sehr schnell auf. Dabei ist das gar nicht nötig, denn es gibt viele Möglichkeiten, nachhaltig unterwegs zu sein, ohne auf etwas verzichten zu müssen.

Das Auto steht für Freiheit und Unabhängigkeit. Die Nutzung ist praktisch, unkompliziert und bequem, und das Auto ist nach wie vor ein Statussymbol. Fakt ist aber auch, dass die Autos klimaschädliches CO_2 ausstoßen und immer noch zu viele Autos auf unseren Straßen unterwegs sind. Dabei ist das Auto kein günstiges Verkehrsmittel, es verursacht Lärm und sorgt dafür, dass sich unsere Kinder weniger bewegen. In diesem Kapitel schauen wir uns an, wie du und deine Kinder grüner unterwegs sein könnt.

Gute Gründe, auf das Auto zu verzichten

Alle Ampeln auf grün. Das wünschen wir uns doch, wenn wir im Auto mal wieder an der x-ten roten Ampel stehen und uns das Gefühl beschleicht, dass wir mit dem Fahrrad schneller gewesen wären. Ganz gleich wo du wohnst und ob du auf das Auto angewiesen bist oder nicht, die folgenden Tipps helfen dir, das Auto öfter stehen zu lassen bzw. es umweltfreundlicher zu nutzen.

Ich kann dir nur empfehlen, schonungslos ehrlich die Nutzung des Autos in deiner Familie zu hinterfragen. Lass den Gedanken zu, dass in ganz vielen Situationen das Auto wirklich stehen bleiben kann und es eine umweltfreundliche Alternative gibt.

> „Ja, aber der Großeinkauf muss mit dem Auto erledigt werden."

Das ist absolut nachvollziehbar, aber gehst du wirklich einmal in der Woche einkaufen oder fährst du noch an drei anderen Tagen eine überschaubare Strecke zum Bäcker, zum Getränkeladen und dann doch noch einmal zum Supermarkt, weil du etwas vergessen hast? Gewohnheiten scheinen häufig selbstverständlich und unabdingbar.

Autofahren ist für Kinder übrigens nicht gerade stimulierend. Dazu kommt, dass du dich konzentrieren musst und keine Zeit hast, dich mit deinen Kindern zu beschäftigen.

MITMACH-IDEE FÜR KINDER:
FÜHRT GEMEINSAM EIN FAMILIEN-FAHRTENBUCH

Notiert eure täglichen Wege, um herauszufinden, wie oft ihr eigentlich das Auto, das Fahrrad, den Bus oder die eigenen Füße benutzt. Dafür könnt ihr euch am Abend gemeinsam hinsetzen, den Tag auf ein Blatt Papier notieren und die Verkehrsmittel aufzeichnen, die an diesem Tag zum Einsatz gekommen sind.
Oder ihr nutzt pro Verkehrsmittel eine Farbe, die die Kinder als Kreis oder Kreuz aufmalen können. Nach zwei bis drei Wochen wird sich ein klares Bild abzeichnen.

Ein Alltag ohne Auto hat viele Vorteile

Die Fahrt mit dem Auto ist für viele von uns zu einer reinen Gewohnheit aus Bequemlichkeit geworden. Darauf zu verzichten, ist vor allem am Anfang schwer. Und selbstverständlich gibt es Lebens- und Wohnsituationen, in denen es auch in Zukunft schwierig ist, weniger Auto zu fahren. Aber nicht jede Familie ist täglich auf ein Auto angewiesen und könnte grüner unterwegs sein.

Wie ist das bei dir? Hinterfrage die Nutzung deines Autos ehrlich und schonungslos und finde dein Warum. Warum willst du in Zukunft auf das warme, trockene, klimatisierte Auto verzichten?

Es spart jede Menge Geld. Wie viel ein Auto allein schon im Unterhalt kostet, weißt du sicherlich selbst. Aber auch durch die Nutzung fallen jede Menge Kosten an. Wer weniger Auto fährt, der spart einfach Geld.

Du hast Bewegung an der frischen Luft. Bewegung ist nachweislich gut für die Gesundheit. Du hast aber einfach keine Zeit für Sport? Dann geht es dir wie vielen anderen Menschen auch. Bewegen geht ganz einfach nebenbei, indem du, statt das Auto zu nehmen, mit dem Fahrrad fährst oder zu Fuß gehst.

Du bist deinen Kindern und auch anderen ein gutes Vorbild. Menschen, die jemanden kennen, der auf das Auto verzichtet, nutzen ebenfalls häufiger alternative Verkehrsmittel. Hier sprechen wir von einem guten Rückkopplungseffekt. Deine Kinder werden außerdem früh für die Themen Nachhaltigkeit und Mobilität sensibilisiert. Oder anders ausgedrückt: Du lebst ihnen vor, dass das Auto auch nur eines von vielen möglichen Verkehrsmitteln ist.

Deine Kinder bewegen sich mehr. Kinder, die früh ihr Bewegungspotenzial entfalten, sind später gesünder und leistungsfähiger. Du musst sie nicht zum x-ten bezahlten Sportkurs anmelden, damit sie sich bewegen. Bewegung könnt ihr auch mit Fahrrad fahren oder zu Fuß gehen wunderbar in den Alltag integrieren.

Du kannst die Fahrzeit in Bus und Bahn aktiv nutzen. Mit unserem Smartphone organisieren wir unser komplettes Familienleben. Aber auch das braucht Zeit. Im Gegensatz zum Auto kannst du die Fahrt in öffentlichen Verkehrsmitteln für diese Organisation nutzen. Oder du entspannst dich mit einem guten Buch oder Podcast.

Du entlastest das Klima und schonst die Umwelt. Neben all den Vorteilen, die du persönlich hast, wenn du öfters auf das Auto verzichtest, entlastest du mit einem Wechsel hin zu alternativen Fortbewegungsmitteln das Klima und schonst die Umwelt. Je nachdem wie häufig du ab jetzt auf das Auto verzichtest, ist das sogar ein riesengroßer Schritt hin zu einem nachhaltigeren Leben und zu einem wesentlich kleineren CO_2-Fußabdruck deiner Familie.

> **DIE SACHE MIT DER SOZIALEN GERECHTIGKEIT**
>
> *„So schlimm ist das mit den Autos doch gar nicht. Also bei uns in der Straße hält sich der Lärm ohnehin in Grenzen und immer mehr Nachbarn steigen auf ein E-Auto um."* Wenn du dich solche Sätze denken hörst, dann gehörst du sehr wahrscheinlich zu einem Haushalt mit mittlerem oder höherem Einkommen (und deine Nachbarn auch). Besonders im Bereich der Mobilität sind Haushalte mit einem geringeren Einkommen leider viel mehr von der Umweltbelastung des Verkehrs wie Lärm und Luftschadstoffen betroffen als Haushalte mit höherem Einkommen, obwohl einkommensschwache Haushalte nicht einmal Hauptverursacher sind.

Grüne Mobiltätstipps für Familien

Beim Thema grüne Mobilität gibt es viele „Ja, aber-Rufer", die vielleicht gerne weniger Auto fahren würden, aber nicht können. Ja, aber ich muss doch irgendwie zur Arbeit kommen. Ja, aber die Bahn ist so unpünktlich. Ja, aber ich kann mir kein E-Auto leisten. Ja, aber wenn es regnet, werde ich nass. Ja, aber der Fußweg ist für das Kind zu gefährlich.

Die meisten von uns fahren Auto, weil sie es können, weil sie zu bequem sind und weil das schon immer so gemacht wurde. Viele haben selten die Vorteile von alternativen Verkehrsmitteln ausprobiert oder wenigstens daran gedacht, nachhaltiger Auto zu fahren. Das geht nämlich auch.

Dein Verhalten wird ganz sicher einen Einfluss auf andere haben. Ganz nach dem Motto *„Der stete Tropfen höhlt den Stein"*, werden Familienmitglieder, Freund*innen und Bekannte deinen grünen Lebensweg mit all seinen Vorteilen sehen. Lass dich also nicht entmutigen, auch mit Kindern das Auto öfters stehen zu lassen und damit etwas für deinen Geldbeutel, deine Gesundheit und die Umwelt zu tun.

SIND E-AUTOS DIE ZUKUNFT?

E-Mobilität ist nicht perfekt und muss durchaus kritisch betrachtet werden. Das liegt unter anderem daran, dass der Strom für die Elektroautos zum Teil noch aus fossilen Brennstoffen kommt und die Herstellung vor allem der Akkus als besonders umweltkritisch gesehen wird.

Die E-Autos werden aber über kurz oder lang die Verbrenner ablösen. Schon allein deshalb, weil ab 2035 in der EU nur noch abgasfreie Autos zugelassen werden. Verbrenner können ab dann nur neu zugelassen werden, wenn sie E-Fuel tanken.

Ersetzt bestimmte Autofahrten dauerhaft

Überlegt gemeinsam, welche Fahrten ihr durch das Fahrrad, den Bus oder einen Spaziergang ersetzen könnt, und haltet euch dann daran. Die Sache mit den Gewohnheiten ist ja, dass sie sich nicht so leicht ändern lassen. Je öfter ihr das Auto allerdings stehen lasst, desto normaler wird die Nicht-Nutzung.

Führt einen autofreien Tag ein

Gibt es bestimmte Tage in der Woche, an denen das Auto stehen bleiben kann? Ein schöner Nebeneffekt dieser autofreien Tage ist, dass sie eine ganze Menge Geld sparen.

MITMACH-IDEE FÜR KINDER: FAHRRAD-STEMPEL-PASS

Bastelt euch gemeinsam einen Fahrrad-Stempel-Pass. Vielleicht habt ihr eine Magnetwand oder Tafel in der Wohnung, an der du mit deinen Kindern eure Fahrradfahrten notieren könnt. Natürlich ist auch ein Blatt Papier mit Datum und einem Haken für eine Fahrradfahrt absolut ausreichend. Belohnt euch und geht nach 20, 30 oder mehr Fahrten zum Beispiel gemeinsam ins Kino oder ein großes Eis essen.

Alternative Verkehrsmittel im Überblick

Neben dem Familienauto gibt es eine Vielzahl nachhaltiger Verkehrsmittel, die aus keinem Green Family Life wegzudenken sind. Sei dir bewusst, dass vor allem das Auto einer der Big Points ist, um den familiären ökologischen Fußabdruck zu reduzieren, und die bereits genannten Gründe sprechen für sich.

Unsere Füße
Das wohl umweltfreundlichste Verkehrsmittel schlechthin sind unsere Füße. Zu Fuß gehen ist gesund und kostenlos. Auch Kinderbeine können eine längere Strecke als von der Haustür bis zur Autotür

zurücklegen, zur Sicherheit kannst du immer einen Buggy mitnehmen. Laufen deine Kinder selbst, dann lernen sie früh, wie man sich im Straßenverkehr richtig verhält, und sie kennen die Wege in der unmittelbaren Nachbarschaft, sodass sie sich dort viel schneller selbstständig fortbewegen können.

> **WENN DER SCHUH DRÜCKT**
> Es gibt schicke Schuhe und es gibt gute Schuhe und es gibt eine Mischung aus beidem. Wenn du willst, dass deine Kinder laufen, dann brauchen sie einen Schuh, der gut sitzt, nicht drückt oder reibt und mit dem das Rennen, Hüpfen und Spielen Spaß macht.

Die Idee der Laufgemeinschaften
Kannst du zusammen mit anderen Eltern eine Laufgemeinschaft für den Kita- und Schulweg organisieren? Dabei begleitet jeweils ein Elternteil mehrere Kinder aus der Nachbarschaft. Das spart dir Zeit, ist gut für das Klima, die Gesundheit und Selbstständigkeit der Kinder.

Unterwegs mit dem Fahrrad
Das Fahrrad kann vor allem in Städten das Auto auf ganz vielen Fahrten ersetzen. Dafür braucht es sichere Fahrradwege. Erst wenn du dich selbst in den Sattel setzt und Strecken mit dem Fahrrad zurücklegst, wirst du sehen, wo es Bedarf gibt. Hast du genügend Kapazitäten, dann setze dich für sichere Fahrradwege, 30er Zonen oder verkehrsberuhigte Zonen in deiner Stadt ein.

> **FAHRRAD FAHREN, ABER SICHER**
> Trage einen Helm und vor allem in der Dämmerung oder Dunkelheit eine Warnweste. Das Gleiche gilt für deine Kinder, sollten sie selbst fahren.

Kinder auf dem Fahrrad transportieren

Auf dem Fahrrad kannst du ein Kind auf einem Fahrradsitz mitnehmen. Bei mehreren Kindern brauchst du einen Fahrradanhänger oder ein Lastenfahrrad.

In ein E-Bike investieren

Du möchtest langfristig die meisten Autofahrten durch Fahrrad fahren ersetzen? Dann kann sich die Investition in ein E-Bike lohnen. Vor allem dann, wenn du längere Strecken damit zurücklegen willst oder du viel Gewicht ziehen musst. Kinder und Einkäufe in einem Fahrradanhänger womöglich noch eine kleine Steigung hochzuziehen, geht richtig in die Beine und die Motivation das Auto stehen zu lassen, sinkt rasch.

E-Bikes sind allerdings nicht gerade günstig und Bestandteile der Elektronik und des Batteriespeichers sind wenig umweltfreundlich. Ein E-Bike ist tatsächlich nur dann sinnvoll, wenn es regelmäßig und nicht nur in der Freizeit zum Einsatz kommt. Ansonsten ist das gute alte Fahrrad ohne E-Motor die bessere Entscheidung im Hinblick auf nachhaltige Mobilität.

In ein Lastenfahrrad investieren

In ein Lastenfahrrad zu investieren, lohnt sich vor allem dann, wenn du dadurch das Auto ersetzen kannst. Damit lassen sich Kinder, Einkäufe oder sperrige Dinge transportieren. Meist sind Lastenfahrräder E-Bikes, sodass du sie ohne große Anstrengung nutzen kannst. Die Kosten sind allerdings hoch, weshalb viele Bundesländer Förderprogramme anbieten, die einen Teil der Kaufsumme übernehmen.

Eine weitere Finanzierungsmöglichkeit für Fahrräder, E-Bikes und Lastenräder sind Dienstrad-Leasing-Anbieter wie bikeleasing.de oder jobrad.org. Dein Arbeitgeber hat dabei keine Kosten, denn er behält den monatlichen Betrag fürs Bike-Leasing von deinem Bruttogehalt.

Das E-Auto
Alle Verbrenner durch ein E-Auto zu ersetzen, wird unseren zu hohen CO_2-Ausstoß auf Dauer leider nicht lösen. Wenn du allerdings in naher Zukunft ein neues Auto brauchst, dann solltest du dich aus Umweltsicht für ein E-Auto entscheiden. Ab 2035 können in der EU nur noch abgasfreie Autos zugelassen werden.

Öffentliche Verkehrsmittel
Egal ob Bus oder Bahn, die Nutzung von öffentlichen Verkehrsmitteln schont die Umwelt. Kinder unter sechs Jahren fahren in den meisten Verkehrsverbunden kostenlos und zahlen, bis sie 14 Jahre alt sind, meist die Hälfte des regulären Ticketpreises. Mir persönlich ist es wichtig, dass meine Kinder das selbstständige Fahren mit öffentlichen Verkehrsmitteln lernen, denn in unserer Wohnsituation sind diese, neben dem Fahrrad, das Hauptverkehrsmittel.

> **MIT DEM AUTO ZUR ARBEIT**
> Du brauchst das Auto, um damit zur Arbeit zu kommen? Dann kannst du vielleicht Fahrgemeinschaften bilden? Hast du die Möglichkeit, Homeoffice zu machen, dann nutze diese Möglichkeit, um das Auto stehen zu lassen.

Autofahren und Umwelt schonen

Du kannst aufgrund deiner Wohnsituation für bestimmte Strecken nicht auf das Auto verzichten? Selbst mit dem E-Bike sind die Wege zu lang und die öffentlichen Verkehrsmittel fahren zu unregelmäßig? Mit den folgenden Tipps kannst du das Autofahren ein klein wenig grüner gestalten und damit den Verbrauch reduzieren, Geld sparen und den CO_2 Ausstoß verringern.
- **Ballast entfernen,** denn ein leichteres Auto verbraucht weniger Kraftstoff. Konkret bedeutet das: Räume dein Auto auf.

- **Früh hochschalten.** Schalte früh hoch und fahre in hohen Gängen mit einer niedrigen Drehzahl. Damit kannst du über einen langen Zeitraum deinen Verbrauch deutlich reduzieren.
- **Fahre vorausschauend.** Halte den Sicherheitsabstand ein und fahre vorausschauend. Damit verhinderst du überflüssiges Abbremsen und Beschleunigen. Auch das Fahren bei konstanter Geschwindigkeit reduziert den Verbrauch und den Schadstoffausstoß.
- **Immer mit der Ruhe.** Je schneller du fährst, desto höher dein Verbrauch.
- **Überprüfe deinen Reifendruck.** Klingt zu simpel, um wahr zu sein? Ist es aber nicht. Überprüfe den Reifendruck regelmäßig und passe ihn nach den Angaben des Herstellers an.
- **Bilde Fahrgemeinschaften:** Fahren mehr Menschen in einem Auto, dann ist die Belastung für die Umwelt viel geringer, als wenn nur eine Person im Auto sitzt.

WENN DU NOCH WEITER GEHEN MÖCHTEST: CARSHARING

Du kannst bis auf wenige Ausnahmen ganz auf ein Auto verzichten? Dann nutze die Angebote von Carsharing-Anbietern.

Aus eigener Erfahrung weiß ich, dass es mit Kindern eine Herausforderung sein kann, kein eigenes Auto zu besitzen. Du kannst dir nicht einfach ein Carsharing-Auto nehmen und losfahren, denn Kinder brauchen passende Kindersitze. Auch wir hatten mit zwei Kindern jahrelang kein Auto. Unsere Kindersitze standen im Keller und wir mussten sie für jede Fahrt neu einbauen und am Ende wieder ausbauen. Dass wir ein Auto brauchten, kam aber selten vor, und die Kosten, die wir all die Jahre gespart haben, waren enorm. Aus Umweltsicht hatten wir dadurch einen kleinen ökologischen Fußabdruck. Obwohl wir jetzt ein Auto besitzen, nutzen wir es weiterhin selten, und meine große Tochter kann dem Autofahren immer noch nichts abgewinnen.

Wissen für Kids: Grünes Mobilitätswissen

Was machst du jetzt mit dem Vorhaben, das Auto weniger zu benutzen? Ein gutes Vorbild sein und reden, reden, reden. Ich möchte dich mit diesem Buch immer wieder dazu ermutigen, mit gutem Beispiel voranzugehen. Sind deine Kinder noch klein, dann stellen sie gar nicht infrage, warum ihr jetzt Fahrrad fahrt oder in den Bus steigt, statt das Auto zu nehmen. Spätestens in der Grundschule lohnt es sich dann, mit ihnen in den Dialog zu gehen. Gesprächs-Ideen zu grüner Mobilität gibt es viele.

Das ist Mobilität

Mobil sein bedeutet, dass du dich bewegen kannst. Du kannst laufen, rennen, Fahrrad oder Auto fahren. Mobilität ist für uns Menschen richtig wichtig, da sie uns ermöglicht, an verschiedene Orte zu gelangen.

Der Unterschied zwischen E-Autos und normalem Auto

Die meisten unserer Autos haben einen Verbrennungsmotor. Dieser Motor funktioniert, indem er Benzin oder Diesel aus dem Tank verbrennt und die freigewordene Energie nutzt, das Auto zu bewegen. Ein E-Auto ist ein Auto, das mit Elektrizität fährt. Anstelle eines Tanks hat es eine Batterie, die man aufladen kann.

Darum ist Autofahren schlecht für die Umwelt

Autos, die mit Benzin oder Diesel fahren, sind schlecht für die Umwelt, da bei der Verbrennung Kohlendioxid entsteht. Dieses Gas schadet der Umwelt und verschmutzt die Luft. Elektroautos sind umweltfreundlicher, da sie keine schädlichen Gase in die Luft abgeben. So bleibt die Luft sauberer.

NACHGEFRAGT: MIT KINDERN IM DIALOG BLEIBEN

Bezüglich des Themas Mobilität kannst du mit deinen Kindern wunderbar in den Austausch gehen, denn es ist ein breites Feld, mit dem auch Kinder täglich in Berührung kommen.
- Wohin geht bzw. fahrt ihr am liebsten?
- Brauchen wir dazu unbedingt das Auto?
- Warum mögt ihr Autofahren? Warum mögt ihr es nicht?
- Wusstet ihr, dass die meisten Autos schlecht für die Umwelt sind?
- Was sind umweltfreundliche Alternativen zum Auto?
- Wenn weniger Autos unterwegs sind, was würde sich bei uns in der Gegend ändern? Was würdet ihr mit dem freigewordenen Platz (auf der Straße, auf den Parkplätzen) machen?
- Warum fahrt ihr gerne Fahrrad? Und warum vielleicht nicht?
- Kennt ihr jemanden, der ein E-Auto hat? Kennt ihr Menschen, die gar kein Auto haben? Was würde sich ändern, wenn wir kein Auto hätten?

Was hat unsere Mobilität mit CO_2 zu tun?

Wie wir uns fortbewegen, hat einen großen Einfluss auf unser Klima. Zur Erinnerung: Unser Ziel ist es, einen Fußabdruck von 1 t CO_2 pro Person zu erreichen. Wie groß ist denn der Fußabdruck verschiedener Verkehrsmittel?
- Ein Auto, das im Schnitt 6 Liter auf 100 km verbraucht und mit dem ihr 12 000 km pro Jahr fahrt, stößt jährlich 1,67 t CO_2 aus.
- Flugzeuge sind richtige CO_2-Schleudern: Ein Hin- und Rückflug von München nach Schweden verursacht 0,5 t CO_2 pro Person, ein Flug nach Bangkok 2,9 t CO_2.
- Eine Fahrt mit dem Fahrrad oder ein Spaziergang zu Fuß verbrauchen überhaupt kein CO_2.
- Umweltfreundlicher sind öffentliche Verkehrsmittel: Wer in der Woche ca. 40 km mit dem Bus zurücklegt, dessen Fußabdruck liegt bei 0,24 t CO_2 im Jahr.

DAS GREEN FAMILY BADEZIMMER

Lass uns gemeinsam dein Badezimmer anschauen. Das ist einfach, denn meist ist es ein recht überschaubarer Bereich – aber gerade hier verstecken sich viele Möglichkeiten für einen nachhaltigeren Alltag. Wie kann aus eurem Badezimmer eine grüne Wohlfühloase für die ganze Familie werden? Wie könnt ihr hier Nachhaltigkeit und Körperpflege verbinden?

Im Badezimmer verbringen meine Kinder gerne Zeit. Dort ist es meist schön warm und sie lieben das gemeinsame Baden. Wobei, wenn es dann ans Zähneputzen geht, sind sie meist schneller draußen, als wir Eltern schauen können. Das Badezimmer ist ein Raum, der für unser Wohlbefinden ganz erheblich ist. Und es ist ein Raum, in dem es sich besonders lohnt, das Thema Nachhaltigkeit vorzuleben. Vor allem dann, wenn dir die Gesundheit und der Selbstwert deiner Kinder am Herzen liegen. Ein wunderbarer Nebeneffekt ist die Tatsache, dass ein grünes Badezimmer deinen Geldbeutel ordentlich entlastet.

Das eigene Verhalten reflektieren

Wir sind Vorbilder für unsere Kinder. In den ersten Lebensjahren saugen sie unser Verhalten wie ein übergroßer Staubsauger ohne Filterfunktion in sich auf. So auch unser Verhalten im Badezimmer.

Fakt ist, dass sich nicht sehr viele Menschen sonderlich schön finden. Vielleicht gehörst du auch dazu?

Dieser Umstand öffnet einer gigantischen Werbeindustrie im Bereich Kosmetika und Körperpflege die Türen. Der Grund, warum viele Menschen eine ganze Armee an Tuben, Töpfchen und Fläschchen in verschiedenen Bereichen das Badezimmers stehen haben, ist ein unrealistisches Schönheitsideal, getriggert durch die Werbung. Und nicht, weil wir alle diese Produkte brauchen. Wirklich nicht. Viele davon schaden uns sogar und ganz sicher schaden sie der Umwelt. Darüber nachdenken tun die wenigsten von uns. Jetzt ist ein guter Zeitpunkt dafür.

Hand aufs Herz: Wer wünscht sich nicht, dass seine Kinder mit einem gesunden Selbstwertgefühl durchs Leben gehen? Dass die sozialen Medien keine negative Auswirkung auf den Selbstwert und das eigene Körperbild haben? Dass sie nicht auf die Maschen der Werbeindustrie reinfallen, die suggeriert, dass das eigene Wohlbefinden maßgeblich von Äußerlichkeiten abhängt? Wir können unsere Kinder zu starken Menschen machen, wenn wir selbst ein gesundes Selbstwertgefühl haben und ihnen dieses im Badezimmer vorleben.

Gesunde Pflege oder gruselige Fakten?

Der Anteil der Pflegeprodukte, die im Bad auf unsere Kinder fallen, ist zum Glück noch verschwindend gering. Ich kann dir nur mit auf den Weg geben, es dabei zu belassen. Auch du selbst solltest einmal in aller Ruhe durch dein Badezimmer streifen und deine Kosmetik- und Pflegeprodukte genauer unter die Lupe nehmen.

Was weißt du über die verschiedenen Inhaltsstoffe, die auf dem Produkt angegeben sind? Wahrscheinlich recht wenig. Dabei enthalten viele Produkte Erdöl, Aluminium und Mikroplastik oder sogar hormonell wirksame Substanzen. Das ist weder für deinen Körper, den deiner Kinder und auch nicht für die Umwelt gesund. Wir wissen selten, was genau wir zu uns nehmen, obwohl die Inhaltsstoffe unserer Pflegeprodukte über die Haut auch in unseren Körper gelangen.

> **SO KANNST DU GLEICH LOSLEGEN.**
> **INFORMIERE DICH IM BADEZIMMER UND UNTERWEGS**
> Was kannst du in der Drogerie noch kaufen? Was bedeuten die verschiedenen Inhaltsstoffe auf deinen Kosmetik-, Haut- und Haarpflegeprodukten? Was ist gut für die Pflege deiner Kinder?
>
> Mit den Apps ToxFox oder CodeCheck kannst du Barcodes von Produkten scannen und mehr über deren Inhaltsstoffe erfahren. Auch darüber, ob schädliche Inhaltsstoffe enthalten sind, kannst du dich so informieren.

Was du essen kannst, ist auch gut für eure Pflege

Du ahnst wahrscheinlich schon, worauf ich hinaus möchte: auf Naturkosmetik. Auf den ersten Blick ist es nicht leicht, echte von unechter Naturkosmetik zu unterscheiden. Denn wie sollte es anders sein, der Begriff Naturkosmetik ist gesetzlich nicht geschützt. Deshalb solltest du nicht einfach Werbeversprechen vertrauen, sondern zu zertifizierter Naturkosmetik greifen. Die bekanntesten und am weitesten verbreiteten Siegel für Naturkosmetik in Deutschland sind der BDIH-Standard und das NATRUE-Siegel.

Oder du stellst deine Pflegeprodukte selbst her. Auf dem Blog und in den Büchern von smarticular findest du zahlreiche Rezepte, um Pflegeprodukte wie Seifen, Haarpflegeprodukte, Cremes, Salben oder Deos selbst herzustellen.

Gesunde Pflege oder gruselige Fakten?

MITMACH-IDEE FÜR KINDER:
BADEBOMBEN SELBST HERSTELLEN

Ihr wollt wissen, was in eurem Badezusatz für Inhaltsstoffe enthalten sind? Dann stellt eure eigenen Badebomben her. Hier ein einfaches und erprobtes Rezept.

Du brauchst: 100 g Kokosöl, 300 g Natron, 150 g Zitronensäure, 60 g Maisstärke

Erwärmt das Kokosöl in einem Topf und vermischt es mit den übrigen Zutaten zu einem Brei. Mit etwas Lebensmittelfarbe könnt ihr die Kugelmasse bunt einfärben und mit einem ätherischen Öl für einen angenehmen Duft sorgen. Anschließend formt ihr daraus Kugeln und lasst sie aushärten. Schaut mal in der Schublade nach den Plätzchenausstechern für Weihnachten. Auch mit diesen lassen sich die Badebomben in eine schöne Form bringen und sind eine tolle Geschenkidee.

Weniger ist mehr und spart bare Münze

Weniger ist mehr. Das gilt auch im Badezimmer. Einem Schönheitsideal hinterherzurennen, angespornt durch die Versprechen der Werbung, verleitet uns, immer mehr Produkte für die eigene Pflege zu kaufen. Und zwar ohne Rücksicht auf die eigene Gesundheit und die Umwelt. Wer mehr kauft, gibt mehr Geld aus; wer bewusst konsumiert, der entlastet den Geldbeutel. Eine simple Rechnung.

GRÜNE BEAUTYTIPPS, DIE NICHTS KOSTEN
- Viel trinken
- Gesunde Ernährung
- Ausreichend und gesunden Schlaf
- Viel lachen und wenig Stress

Alles im grünen Badezimmerbereich: Tipps für den Familienalltag

Der erste Schritt hin zu einem nachhaltigen Badezimmer ist die Arbeit an deinem eigenen Selbstbild. Was versprichst du dir vom Kauf bestimmter Produkte? Im nächsten Schritt gilt es, sich über die Inhaltsstoffe deiner Pflegeprodukte und auch die deiner Kinder zu informieren. Im letzten Schritt machst du dir klar, dass du das größte Vorbild für deine Kinder bist. Auch im Badezimmer. Die folgenden Tipps helfen dir, mit gutem Beispiel voranzugehen.

Wasser sparen

Reduziert bewusst den Wasser- und Energieverbrauch im Badezimmer, indem ihr während des Zähneputzens das Wasser abdreht und einen Zahnputzbecher verwendet. Dreht außerdem das Wasser ab, wenn ihr euch beim Duschen einseift, verwendet weniger warmes Wasser und duscht, statt ein Vollbad zu nehmen.

Kinder bis zur Pubertät brauchen aus dermatologischer Sicht nur zwei- bis dreimal wöchentlich duschen. Das ist eine Tatsache, die bei mir ungemein für Entspannung sorgt, denn Duschmuffel sind meine Kinder beide. Übrigens spricht nichts dagegen, wenn auch Erwachsene nicht jeden Tag duschen, sondern sich mit einem Waschlappen waschen.

Rund um die Toilette

Auch auf dem stillen Örtchen kannst du Nachhaltigkeit walten lassen, indem du recyceltes Klopapier nutzt. Kennen deine Kinder schon die Spartaste an der Toilettenspülung? Wenn nicht, dann wird es höchste Zeit. Kleiner Nachhaltigkeits-Life-Hack: Nutze die Plastikverpackung des Klopapiers als Müllbeutel für den Kosmetikeimer.

> **EIN HERZ FÜR TROCKENSHAMPOO – SELBST GEMACHT**
>
> Mit selbst gemachtem Trockenshampoo sparst du viel Zeit, Geld und Wasser, da du damit das Haarewaschen um ein bis zwei Tage hinauszögern kannst. Für mich persönlich ist Trockenshampoo ein Game-Changer für mehr Leichtigkeit in meinem Familienalltag.
>
> Hier kommt das Rezept, ich liebe es.
>
> **Zutaten:** 2 EL Speisestärke und 1 TL Natron; wenn du dunkle Haare hast, mischst du 1 TL echtes Kakaopulver unter.
>
> Fülle alle Zutaten durch ein Sieb hindurch in ein verschließbares Glas. Mit 1 Tropfen ätherischem Öl sorgst du für einen guten Duft.
>
> Über der Badewanne massierst du das Trockenshampoo in deine Haare ein, bürste sie anschließend aus. Fertig. Die Bürste solltest du danach auswaschen.

Saubere Familienzähne

Unsere Zähne putzen wir mehrmals am Tag, und der Verbrauch an Zahnbürsten und Zahnpasta auf das ganze Leben gerechnet ist enorm. In einem grünen Badezimmer ersetzt du Zahnpasta durch Zahnpflege-Tabs und Plastikzahnbürsten durch Zahnbürsten aus Bambus. Beides gibt es schon für Kinder.

Grüner Seifenverbrauch

Nutzt feste Seifen und festes Shampoo. Sie können minimalistischer verpackt werden und kommen meist ohne Plastikverpackung aus. Du kannst sie bis zum Schluss aufbrauchen und verwendest nur so viel, wie du wirklich brauchst. Auch Kinder können schon feste Seifen und festes Shampoo verwenden. Außerdem solltest du am Waschbecken auf Flüssigseife verzichten. Der Seifenspender ist am Ende seiner Nutzungsdauer nichts anderes als ein großer Haufen Plastikmüll. Zudem benutzt du durch ihn mehr Seife als notwendig.

Stelle dir zudem die berechtigte Frage: Ab welchem Alter brauchen deine Kinder überhaupt Duschgel und Shampoo?

> **OPTIMIERE NICHT ÜBERMÄSSIG**
>
> Selbstverständlich soll im Badezimmer Wasser gespart werden. Du brauchst aber kein Herzrasen zu bekommen, wenn deine Kinder gerade in einer Phase stecken, in der der laufende Wasserhahn eine unglaublich große Faszination ausübt. Auch das geht vorbei.
>
> Händewaschen funktioniert mit fester Seife nicht? Das Problem kenne ich. Aus irgendeinem Grund erscheint Flüssigseife aus dem Seifenspender attraktiver. Dann ist das eben gerade so. Ich nutze seither Seifenspender, die sich nachfüllen lassen.

Nachhaltige Produkte kaufen

Mit dem Kauf von nachhaltigen Pflegeprodukten seid ihr einem grünen Familienbadezimmer einen großen Schritt näher. Am besten greifst du zu zertifizierter Naturkosmetik. Nutze Apps wie ToxFox oder CodeCheck, um dich über schädliche Inhaltsstoffe in Produkten zu informieren. Dafür musst du nur den Barcode einscannen. Vermeide außerdem kleine Döschen, um Müll zu sparen.

Einweg-Produkte vermeiden

Für viele Einweg-Produkte gibt es mittlerweile Mehrweg-Lösungen. Auch wenn die Produkte in der Anschaffung erst einmal teurer sind als die Wegwerfvariante: So schonst du auf lange Sicht auf jeden Fall deinen Geldbeutel und die Umwelt.

- Rasierhobel statt Einwegrasierer
- Wiederverwendbare Wattestäbchen statt Einwegprodukte
- Menstruationstasse statt Tampons
- Periodenunterwäsche statt Binden
- Waschbare Abschminkpads statt Einweg-Abschminkpads

- Rasierseife statt Rasierschaum
- Waschbare Putzlappen ohne Mikrofasern

JE MEHR SCHAUM, DESTO BESSER. ODER NICHT?
Kleiner Fun-Fact am Rande: Ob ein Shampoo schäumt oder nicht, ist kein Indikator für die Qualität des Produktes. Der Schaum hat mit der Wirkung rein gar nichts zu tun, sondern wird von uns Kunden aufgrund der Werbung einfach nur erwartet.

MITMACH-IDEE FÜR KINDER:
STELLT EURE KOSMETIK UND PFLEGEPRODUKTE SELBST HER

Nutze für die Hautpflege aller Familienmitglieder Pflanzenöl statt Bodylotion. Besonders für trockene und empfindliche Haut eignet sich Kokosöl. Für fettige Haut empfiehlt sich Walnussöl und für reife Haut unter anderem Traubenkernöl.

Die Vorteile liegen auf der Hand: Machst du eure Bodylotion selbst, sparst du eine ganze Menge Geld, Verpackungsmüll und weißt genau, was drinsteckt. Grundsätzlich kannst du einfach das reine Öl verwenden. Wir benutzen zum Beispiel Kokosöl und tragen es dünn auf die Haut auf. Es hat eine antibakterielle Wirkung und schützt auch vor Mückenstichen. Da es sich bei Kokosöl um ein Tropenöl handelt, solltet ihr es natürlich sparsam verwenden.

Wissen für Kids

Kindergerechte Antworten auf Fragen rund um das Thema Energie und Wasser sparen findest du in dem Abschnitt → „Wissen für Kids: Der Energie-Wissens-Check". Und da das Thema Müllvermeidung auch im Green Family Badezimmer eine große Rolle spielt, kannst du deinen Kindern den Abschnitt → „Wissen für Kids: Alles Müll, oder was?" vorlesen. Müll ist nämlich ein spannendes Themenfeld, mit dem deine Kinder schon sehr zeitig in Berührung kommen.

Nachhaltig putzen. So geht's.

Bevor du schnell weiterblätterst, da du so überhaupt nicht ans Putzen denken willst: Ich verstehe dich. Vielleicht kann ich mit den Vorteilen, die ein nachhaltiges Putzen mit sich bringt, doch ein wenig deine Aufmerksamkeit gewinnen? Lass es auf einen Versuch ankommen.

Wer nachhaltig putzt, der spart Plastikmüll, muss seltener Putzmittel einkaufen und verwendet Mittel, die weniger aggressiv sind. Das schont nicht nur die Umwelt, sondern auch deinen Geldbeutel.

> **KINDER UND PUTZEN?**
> Grundsätzlich solltest du deine Kinder bei der Hausarbeit miteinbeziehen. Sie dürfen eine altersgerechte Aufgabe übernehmen, denn Verantwortung stärkt das Selbstwertgefühl und erfüllt Kinder mit Stolz. Sie werden gebraucht und tragen dazu bei, dass die Familie funktioniert. Altersgerechte Aufgaben hängen, wie das Wort schon sagt, vom Alter, aber auch vom Kind selbst ab. Spiegel und Waschbecken putzen waren in meiner Familie schon im Kleinkindalter eine beliebte Aufgabe.

Putzen ohne Chemie

Putzmittel lässt sich einfach selbst herstellen, und dabei können auch schon die Kinder helfen.

Zitronensäure: Zitronensäure ist ein Alleskönner beim Putzen, beim Waschen und sogar beim Kochen und in Pflegeprodukten.
- Wasserkocher und Kaffeemaschinen entkalken: 2 bis 3 Esslöffel Zitronensäure auf 1 Liter Wasser. Die Mischung in den Wasserkocher geben und ca. eine Stunde einwirken lassen, die Kaffeemaschine durchlaufen lassen.

- Waschbecken, Wasserhähne, Duschköpfe putzen und entkalken: 1,5 Esslöffel Zitronensäure auf ¼ Liter Wasser.
- Waschmaschine und Spülmaschine entkalken: 6 bis 8 Esslöffel direkt in die leere Maschine geben und bei niedriger Temperatur durchlaufen lassen.
- Eingebrannte Töpfe und Pfannen reinigen: 1 Esslöffel mit 1 Tasse warmen Wasser mischen und im Topf einwirken lassen.

> **WENN ES SCHNELL GEHEN MUSS**
> Dinge selbst herzustellen, passt nicht in jeden vollen Familienalltag. Um dennoch nachhaltiges Putzmittel zu benutzen, kannst du flüssiges Konzentrat, Pulver oder Tabletten kaufen. Diese Produkte sparen Müll und Transportgewicht. Sie werden ganz einfach in Wasser aufgelöst und in der Regel achten die Hersteller auf eine gute biologische Abbaubarkeit.

Natron: Natron ist noch so ein Alleskönner, der ein bisschen in Vergessenheit geraten ist. Dabei ist es günstig, meist plastikfrei verpackt und du kannst es nahezu überall kaufen.

> **ALLZWECKREINIGER AUS NATRON SELBST HERSTELLEN**
> **Zutaten:** 2 Teelöffel Natronpulver, 2 Teelöffel fein geraspelte Kernseife, etwa 500 Milliliter warmes Wasser, ein Spritzer Zitronensaft und ein paar Spritzer ätherische Öle
> **Zubereitung:** Kernseife im warmen Wasser auflösen, abkühlen lassen und Natron, Zitronensaft und ätherisches Öl dazugeben.

ENERGIE UND WASSER IM FAMILIENALLTAG SPAREN

Energie und Wasser zu sparen sind aus einem Green Family Life nicht wegzudenken. Ein Thema, bei dem du ganz aktiv die Kinder einbeziehen kannst. Und ein Bereich, der vor allem uns Eltern freut, denn wir können am Ende des Abrechnungszeitraums schwarz auf weiß sehen, dass auch schon kleine Veränderungen im Familienalltag einen finanziellen Vorteil mit sich bringen.

Wir heizen unsere Wohnung, wir verbrauchen Wasser und wir nutzen täglich zahlreiche Elektrogeräte. Meistens ganz automatisch und ohne darüber nachzudenken. Ein grüner Lebensstil bedeutet, dass wir nicht mehr achtlos mit den wichtigen Ressourcen Wasser und Energie umgehen. Die folgenden Tipps helfen euch, sie im Familienalltag zu sparen – das macht zumindest uns Erwachsenen richtig Spaß, denn du sparst damit Geld bzw. kannst steigende Preise abfedern. Gleichzeitig tust du der Umwelt etwas Gutes.

Tipps für einen grünen Energie- und Wasserverbrauch

Viele der folgenden Tipps sind einmalig umzusetzen, wie der Kauf einer Sparbrause oder der Umstieg auf eine LED-Beleuchtung. Mit dem richtigen Wissen sind auch die weiteren Ideen für einen grünen

Energie- und Wasserverbrauch einfach in die Alltagsroutine einzubauen und gehen vor allem im Bereich Wasser sparen Hand in Hand mit eurem neuen Green Family Badezimmer.

Wasser sparen

Drei Viertel unserer Erde sind von Wasser wie Ozeanen, Seen und Flüssen bedeckt. Das meiste davon ist Salzwasser, das wir nicht trinken können. Genießbar ist für uns nur das Süßwasser, das in Deutschland in Trinkwasserqualität überall und relativ günstig zur Verfügung steht. Ein Umstand, der für uns alle zur Selbstverständlichkeit geworden ist. Wer einmal in Länder gereist ist, in denen ein Zugang zu sauberem Trinkwasser nicht so einfach ist, der wird das kostbare Nass aus einem ganz anderen Blickwinkel betrachten.

Nachhaltigkeit im Familienalltag bedeutet, dass ihr achtsam mit dem Wasser, und ganz besonders dem Warmwasser in eurem Haushalt umgeht.

Wasser sparen im Familien-Badezimmer
Um den Wasserverbrauch zu reduzieren, gibt es jede Menge Möglichkeiten:
1. Kürzer duschen (nicht länger als fünf Minuten).
2. Auf häufiges Baden verzichten.
3. Das Wasser beim Einseifen (Haare, Körper, Hände) und Zähne putzen abstellen.
4. Eine Sparbrause nutzen.
5. Das Wasser nicht zu heiß einstellen.
6. Lange Haare zügig ausspülen.
7. Die Spartaste der Toilette verwenden.

MITMACH-IDEE FÜR KINDER: WAS BRINGT EINE SPARBRAUSE?
Wie viel Wasser fließt eigentlich pro Minute durch den Duschkopf? Lasst eine Minute lang das Wasser in ein Gefäß laufen und schaut am Ende, wie viel Liter es geworden sind.
Im Schnitt kommen 12 bis 15 Liter aus dem Duschkopf. Wenn ihr kein so großes Gefäß habt, dann könnt ihr gemeinsam die Zeit stoppen, bis ein 1 Liter Gefäß voll ist. Über den Dreisatz könnt ihr die Durchflussmenge pro Minute ausrechnen. Mit einem Sparduschkopf sollten es zwischen 6 und 9 Liter sein und die jährliche Ersparnis beläuft sich auf ca. 345 Euro pro Person.

Wäsche sparsam waschen
1. Waschmaschine nur laufen lassen, wenn sie voll ist. Die Wäsche aber nicht mit Druck reinstopfen, denn dann ist die Trommel zu voll.
2. Eco-Programm nutzen bzw. auf Kurzprogramme verzichten. Kurzprogramme sparen Zeit, benötigen aber mehr Strom, da die Lauge in kürzerer Zeit stärker aufgeheizt werden muss.
3. Nicht zu heiß waschen. 30 Grad reichen bei normal benutzter Kleidung völlig aus.
4. Vorwäsche? Muss nicht sein.
5. Weichspüler? Nein danke.

WÄSCHE ENERGIESCHONEND TROCKNEN
Am besten lässt du Wäsche im Wohnraum oder an der frischen Luft trocknen. Das geht auch bei Frost: Die Wäsche gefriert und anschließend geht die gefrorene Flüssigkeit direkt in den gasförmigen Zustand über. Probiere es einmal aus. Bei der Trocknung im Wohnraum musst du darauf achten, dass sich nicht zu viel Feuchtigkeit bildet. Hast du keine Möglichkeit, eure Wäsche auf dem Balkon oder in einem Trockenraum aufzuhängen, euer Wohnraum begrenzt ist oder zu Schimmel neigt, dann achte beim Kauf eines Trockners darauf, dass er eine gute Energieeffizienz aufweist.

DAS KLO IST KEIN MÜLLEIMER

Viele tausend Liter Abwasser werden in Deutschland jedes Jahr wieder in Trinkwasser umgewandelt. Der Rest wird nach einer Behandlung in Gewässer abgeleitet. Mit dem Müll, den wir das Klo runterspülen, machen wir die Wasseraufbereitung in den Kläranlagen kompliziert und teuer. In die Toilette gehört *nichts* außer unser großes und kleines Geschäft und recyceltes Toilettenpapier.

Virtuelles Wasser sparen

Im Jahr verbraucht jede*r von uns im Schnitt 120 Liter Wasser zum Trinken, Duschen, Toilette spülen und Wäsche waschen. Neben diesem Bedarf, den wir in unserer Jahresabrechnung aufgezeigt bekommen, ist unser tatsächlicher Wasserverbrauch allerdings viel größer, denn wir verbrauchen jeden Tag sogenanntes virtuelles Wasser. Das ist das Wasser, das für die Herstellung von Produkten, aber auch für Viehzucht und den Anbau von Lebensmitteln verwendet wird.

Der virtuelle Wasserverbrauch wird in Deutschland auf über 4.000 Liter pro Person pro Tag geschätzt. Das ist eine riesige Menge, die nicht mehr als Trinkwasser zur Verfügung steht und die häufig Ländern entzogen wird, die ohnehin schon an Wasserknappheit leiden. Sei dir bewusst, dass dein Konsumverhalten auch die Ressource Wasser verbraucht. Ein Gut, das anderswo schon sehr knapp ist.

MITMACH-IDEEN FÜR KINDER:

- Stellt eine Stoppuhr und schaut, wie lange bzw. wie kurz jede*r von euch zum Duschen braucht.
- Wascht gemeinsam die Wäsche und setzt die genannten Tipps um. Je nach Alter deiner Kinder können sie dann schon bald das Wäsche waschen ganz oder in Teilen selbstständig übernehmen.
- Lasst das Wasser nicht laufen (beim Zähneputzen, beim Einseifen von Körper oder Händen) und sammelt Punkte, wenn ihr daran gedacht habt. Nach 30 gesammelten Punkten geht ihr ein Eis essen.

Strom sparen

Der weltweite Energieverbrauch verursacht riesige Mengen an CO_2 und die Nachfrage nach Energie steigt immer weiter. Jeden Tag verbrauchen zahlreiche Elektrogeräte in eurem Haushalt viel Strom, ohne dass du dir allzu viele Gedanken darüber machst. Der immer höher werdende Stromverbrauch schleicht sich so nebenbei ein. Zwar werden die Geräte immer energieeffizienter, wir konsumieren mit steigendem Einkommen aber auch mehr davon. Dabei kannst du, ebenfalls nebenbei, mit ein paar einfachen Tricks den Stromverbrauch reduzieren und Energie sparen.

> **CHECKE EUREN STROMVERBRAUCH**
> Ich fand die Frage, ob wir, gemessen am Durchschnitt, viel oder wenig Strom verbrauchen, sehr spannend. Das kannst du ganz einfach herausfinden. Suche deine letzte Abrechnung heraus und vergleiche sie mit dem aktuellen Stromspiegel für Deutschland:
> https://www.stromspiegel.de/

Die folgenden Tipps mögen banal erscheinen, da aber jede noch so kleine Maßnahme etwas bringt und es darum geht, deinen Kindern vorzuleben, dass ein nachhaltiges Leben bedeutet, mit Energie sparsam umzugehen, findest du im Folgenden ein buntes Strom-Spar-Sammelsurium:

Einmalig
- Kaufe nur Elektrogeräte, die du tatsächlich brauchst. Muss ein zweiter Fernseher sein? Was kann ein elektrischer Dampfgarer, was ein Topf mit Siebeinsatz nicht kann? Es gibt relativ viele elektrische Geräte, die uns das Leben nicht wirklich erleichtern.
- Achte bei benötigten Neuanschaffungen darauf, dass die neuen Geräte eine hohe Energieeffizienz haben.
- Ersetze Glühbirnen durch LED-Beleuchtung.

Tipps für einen grünen Energie- und Wasserverbrauch

- Nutze kleine Bildschirme. Ein großer Bildschirm (Fernseher oder Computer) verbraucht viel mehr Energie als die kleinere Version.
- Wechsel in einen echten Ökostrom-Tarif.

Jeden Tag
- Schalte das Licht aus, wenn du einen Raum verlässt.
- Erhitze Wasser energiesparend im Wasserkocher, außer ihr besitzt einen Induktionsherd.
- Vermeide Kurzprogramme bei der Waschmaschine und der Spülmaschine.
- Koche energieeffizient: Koche mit Deckel und stelle den Kochtopf auf eine Herdplatte, die groß genug ist.

Ab und zu
- Entkalke Geräte wie Wasserkocher oder die Kaffeemaschine regelmäßig. Entkalkte Geräte sparen Strom und haben eine längere Lebensdauer.
- Taue Gefrier- und Kühlschrank regelmäßig ab, damit sich keine Eisschicht bildet. Neue Geräte haben häufig eine integrierte Abtauautomatik.

> **HANDYAKKUS RICHTIG LADEN:**
> **KLEINES 1X1 FÜR EINE LÄNGERE AKKULEBENSDAUER**
> Der Akku deines Handys sollte immer zwischen 30 und 80 Prozent geladen sein. Es stimmt nicht, dass der Akku schneller altert, wenn er nicht jedes Mal vollgeladen wird. Lade dafür das Smartphone nicht über Nacht, sondern mehrmals am Tag. Es gibt sogar Apps, die den Ladevorgang bei einem vorher festgelegten Wert stoppen.

Gönn deinen Elektrogeräten eine Pause
Schalte deine Geräte vollständig ab, statt sie im Stand-by-Modus zu lassen. Stand-by ist Englisch und bedeutet, dass ein Gerät in Bereitschaft ist, obwohl wir es gar nicht benutzen. In diesem Zustand ver-

braucht es Strom. Das sind vor allem Geräte wie Fernseher, Stereoanlage, Drucker, Mikrowelle usw.

Einfach die Geräte vom Netz zu nehmen, also den Stecker aus der Steckdose ziehen oder eine Steckdose mit Kippschalter nutzen, spart Strom. Wenn dir das jeden Tag allerdings zu viel Arbeit ist, dann gönne deinen Geräten zumindest während einem Urlaub oder einem Wochenende, an dem ihr nicht daheim seid, eine Pause und ziehe alle Stecker.

Wechsle zu einem echten Ökostrom-Anbieter

Der Wechsel zu einem Ökostrom-Tarif scheint die logische Konsequenz eines grünen Lebensstils zu sein. Mit dem Begriff Ökostrom wird elektrische Energie bezeichnet, die aus erneuerbaren Energiequellen stammt, also aus Wind-, Solar- oder Wasserkraftanlagen. Im Gegensatz zu Strom aus Kohle oder Erdgas entsteht beim Erzeugen von Ökostrom kein CO_2.

Der Begriff Ökostrom ist rechtlich allerdings nicht geschützt. Es ist üblich, dass Anbieter Herkunftsnachweise aus anderen Ländern kaufen, also grünen Strom, den sie gar nicht selbst produzieren. Damit können sie Ökostrom verkaufen, obwohl sie selbst zum Beispiel nur Strom aus Kohle erzeugen. Dazu kommt, dass diese unechten Ökostrom-Anbieter meist wenig für den Ausbau der erneuerbaren Energien tun.

So kannst du echten Ökostrom erkennen
Du willst sichergehen, dass du mit deinen monatlichen Abschlagszahlungen für Strom die Energiewende unterstützt und gleichzeitig das Klima schützt? Dann solltest du beim Wechsel des Anbieters bzw. des Tarifs auf eine entsprechende Zertifizierung achten. Die vom Bundesumweltamt empfohlenen Labels sind das „ok-Power-Siegel" und das „Grüner Strom Label".

Ist Ökostrom teuer?

Auch wenn zahlreiche Nachhaltigkeits-Ratgeber das Gegenteil behaupten, so kann ich von meiner persönlichen Seite nur berichten, dass an unserem Wohnort Ökostrom aktuell teuer ist. Ein Wechsel zu einem durch Greenpeace zertifizierten Stromtarif würde für uns als 4-köpfige Familie aktuell eine über 40-prozentige Preissteigerung bedeuten.

MITMACH-IDEEN FÜR KINDER:

- Erinnert euch immer wieder gegenseitig daran, das Licht auszuschalten, wenn ihr einen Raum verlasst.
- Leiht euch ein Strommessgerät und werdet gemeinsam zu Energiedetektiven. Das Gerät könnt ihr bei der Verbraucherzentrale, den Stadtwerken oder auch bei Umweltschutzverbänden ausleihen. Es wird einfach zwischen Steckdose und Stecker geschaltet und ermittelt den Verbrauch von Geräten in Betrieb und auch im Stand-by-Modus.
- Welche Elektrogeräte habt ihr und wie oft nutzt ihr diese? Macht zusammen ein Elektrogeräte-Tabula-rasa. Dazu stattet ihr euch mit einem Blatt Papier und einem Stift aus, geht von Raum zu Raum und notiert euch die jeweiligen Elektrogeräte. Anschließend überlegt ihr gemeinsam, wie oft ihr welches Gerät nutzt: Jeden Tag, einmal in der Woche, einmal im Monat, schon mehrere Monate nicht mehr. Das ist eine gute Gelegenheit, ernsthaft über die Notwendigkeit des einen oder anderen Gegenstandes nachzudenken und ihn vielleicht sogar zu verkaufen.

Energie sparen beim Heizen und Lüften

Mehr als zwei Drittel unseres Energieverbrauches benötigen wir, um unsere Wohnräume zu heizen. Wer kann uns das schon verübeln? Daheim wollen wir es warm und gemütlich haben. Du sicherlich auch. Allerdings heizen wir oft nicht richtig und heizen damit, im wahrsten Sinne des Wortes, Ressourcen und Geld zum Fenster raus.

- Es muss nicht heiß sein. Im Winter im T-Shirt durch die Wohnung laufen ist ein Luxus, der für uns zur Selbstverständlichkeit geworden ist, mit Nachhaltigkeit aber rein gar nichts zu tun hat. Heize die Wohnung nicht zu sehr auf, 20 Grad gelten im Wohn- und Esszimmer als optimal.
- Die ganze Wohnung muss nicht gleich warm sein. Schließe Türen zu Zimmern, die ihr tagsüber nicht benutzt.
- Lass im Winter die Räume nie ganz auskühlen. Das erneute Aufheizen benötigt wahnsinnig viel Energie.
- Stelle keine Gegenstände oder Möbel vor die Heizkörper.
- Geschlossene Rollläden und Vorhänge führen dazu, dass nachts die Wärme nicht über die Fenster verloren geht.
- Mehrmals am Tag stoßlüften, also die Fenster fünf bis zehn Minuten ganz öffnen, spart mehr Energie, als das Fenster lange Zeit zu kippen.

WIE VIEL STROM BRAUCHT DAS INTERNET?

Vielen von uns ist nicht bewusst, dass die Nutzung des Internets viel Energie verbraucht. Unsere digitale Welt funktioniert, weil in riesigen Rechenzentren weltweit unsere Daten auf Servern gespeichert werden. Diese Rechenzentren verbrauchen viel Strom und müssen mithilfe von Klimaanlagen gekühlt werden. Unser Alltag ist digital geworden, doch niemand scheint sich Gedanken darüber zu machen, wie viel Energie wir online verbrauchen.

Aber wie viel kann so eine Suchanfrage im Browser, ein per Messengerdienst verschicktes Foto oder ein gestreamtes Video schon zu unserem ökologischen Fußabdruck beitragen? Eine Suchanfrage bei Google verursacht 0,2 Gramm CO_2-Ausstoß. Das klingt wenig, wenn du dir aber vor Augen hältst, dass mehr als die Hälfte der Weltbevölkerung täglich das Internet nutzt, dann wird klar, dass auch das Netz schon allein mit seinen Suchanfragen einen erheblichen ökologischen Fußabdruck hat.

Nachhaltig unterwegs im Internet
- Sei häufiger offline.
- Stelle weniger Suchanfragen im Internet.
- Nutze die Suchmaschine Ecosia, die ihre Einnahmen aus Suchanzeigen für den Kauf von Emissionszertifikaten nutzt.
- Verschicke keine E-Mails mit großem Anhang.
- Melde dich von Newslettern ab, die du nicht liest.
- Lösche E-Mails und Nutzerkonten, die du nicht mehr brauchst.
- Streame Musik, statt sie als Videostream anzuhören bzw. anzuschauen.
- Nutze für Downloads dein WLAN statt mobiler Daten.

Bringt eine nachhaltige Veränderung auf individueller Ebene bei der Nutzung des Internets etwas für den Klimaschutz? Ja und nein.

Gemessen an der Masse an Nutzer*innen sicher nicht. Es ist aber dennoch wichtig, die Selbstverständlichkeit, mit der wir uns gedankenlos über mehrere Stunden am Tag durch die sozialen Medien, Streaming-Anbieter, Messengerdienste und Suchmaschinen klicken, bewusster als Verbrauch von Ressourcen wahrzunehmen.

Ich möchte auch in diesem Bereich für ein Klimabewusstsein sensibilisieren, denn nur dann kann das Thema Menschen erreichen, die an einem größeren Hebel sitzen. Menschen, die nicht nur im privaten, sondern auch im beruflichen Umfeld einen Einfluss haben. Denn Webhoster, Mail- und Cloudanbieter-Dienstleister gibt es auch in „grün", da diese Anbieter ihre Rechenzentren mit Ökostrom betreiben.

Im privaten Bereich mag die Auswirkung auf den Klimaschutz gering sein. Digital auszumisten und weniger Zeit am Smartphone und dafür mit den Kindern zu verbringen, ist aber immer eine gute Idee.

Wissen für Kids: Der Energie-Wissens-Check

Was ist Energie, woher kommt sie, warum brauchen wir so viel davon und was hat unser Energieverbrauch mit dem Klimawandel zu tun? Antworten auf diese wichtigen Fragen in einfacher Sprache zum Vorlesen findest du auf den nächsten beiden Seiten.

Das ist Energie

Energie ist unsichtbar. Man kann sie nicht anfassen, sehen oder riechen. Energie ist die Kraft, die alles bewegt. Nicht nur Dinge, wie Autos, Heizungen, Telefone, der Kühlschrank oder die Lampe benötigen Energie, auch wir Menschen, Tiere und Pflanzen. Wir brauchen Energie in Form von Nahrung für unseren Körper. Die meisten Gegenstände benötigen elektrische Energie, also Strom, damit sie funktionieren. Außerdem wird Energie benötigt, um unser warmes Wasser für die Spülmaschine, die Dusche und die Waschmaschine zu produzieren.

MITMACH-IDEEN FÜR KINDER:
- Macht euch gemeinsam auf die Suche nach Gegenständen in eurem Zuhause, die verschiedene Energiequellen haben: Steckdose, Batterien, Akkus, Solar.
- Überlegt gemeinsam, wofür ihr täglich warmes Wasser benötigt.

Daher kommt elektrische Energie

Die elektrische Energie kommt als Strom aus unserer Steckdose. Den Strom selbst haben große Stromerzeuger aus Wind, Sonne, Kohle oder Erdgas hergestellt und schicken ihn durch Leitungen zu uns.

Das haben Energie und warmes Wasser mit dem Klimawandel zu tun

Wir benötigen jeden Tag Energie, damit wir Licht haben, unsere Geräte funktionieren, die Heizung und unser Wasser warm werden oder wir Auto fahren können. Auch für die Herstellung aller Sachen, die uns umgeben, wird Energie benötigt. Wenn man einmal darüber nachdenkt, wird schnell klar, dass wir Menschen richtig viel davon benötigen. Das Problem daran ist, dass wir zu viel Energie aus der Verbrennung von Kohle oder Erdgas gewinnen. Beides wird irgendwann aufgebraucht sein und es setzt bei der Verbrennung Gase frei, die für das Klima sehr schlecht sind.

> **NACHGEFRAGT: MIT KINDERN IN DEN DIALOG KOMMEN**
> - Was verbraucht bei uns daheim sehr viel Strom?
> - Wofür nutzen wir warmes Wasser?
> - Was können wir als Familie jeden Tag tun, um Energie und Wasser zu sparen?

Das sind erneuerbare Energien

Es gibt unterschiedliche Möglichkeiten, Strom bzw. Energie herzustellen. Die Energie, die schlecht für die Erde ist, wird aus der Verbrennung von Kohle und Gas gewonnen. Man nennt sie auch fossile Brennstoffe. Im Gegensatz dazu gibt es erneuerbare Energien. Sie werden aus der Kraft des Windes, des Wasser oder der Sonne gewonnen und stoßen kein CO_2 aus. Bestimmt hast du schon einmal Windräder gesehen oder große Felder mit Solarplatten.

GEMEINSAM FÜR EINE BESSERE WELT EINSTEHEN

Es gibt unzählige Entscheidungen, die Familien im Sinne der Nachhaltigkeit treffen können. Allein dieses Buch ist voll von Ideen. Jeder kleine Schritt in die richtige Richtung ist wichtig. Fakt ist aber auch, dass wir die Welt nicht allein retten können. Findet Gleichgesinnte und engagiert euch zusammen für die Umwelt und einen nachhaltigeren Lebensstil.

Es fühlt sich frustrierend an, wenn im Freundes- oder Bekanntenkreis die eigenen Bemühungen nur milde belächelt werden. Deshalb ist es so wichtig, sich mit gleichgesinnten Familien zusammenzutun und gemeinsam für eine bessere Welt einzustehen. Verbundenheit macht Spaß und beflügelt. Probiere es aus und suche dir die Ideen heraus, die gut zu deiner Familie passen.

Offline-Ideen für Familien

Gemeinsam für eine Sache einstehen und sich mit echten Menschen zu treffen, macht Spaß und motiviert, weiter das Thema Nachhaltigkeit in den Familienalltag zu integrieren. Vor allem Kinder engagieren sich unglaublich gerne und sind mit Freude dabei.

Vernetzt euch mit euren Nachbarn

Gerade in Städten bzw. Mehrfamilienhäusern mag die Anonymität groß sein. Muss sie aber nicht! Ergreife die Initiative und rege ein Schwarzes Brett an. Vor allem dann, wenn auch ältere Menschen in eurem Haus wohnen, erreicht der Austausch über Messengerdienste nicht alle Bewohner.

Auf dem Schwarzen Brett kannst du Dinge wie Werkzeuge, Waffeleisen usw. zum Ausleihen anbieten. Weise dort freundlich auf die richtige Mülltrennung hin oder organisiere Fahrten zum Wertstoffhof. Viele Menschen würden gerne nachhaltiger leben, brauchen aber einen kleinen Anstoß oder eben engagierte Nachbarn. Organisiert in eurer Nachbarschaft zum Beispiel einen Flohmarkt – eine super Gelegenheit, zu Hause auszumisten und das Aussortierte zu verkaufen.

Geht gemeinsam demonstrieren

Geht auf eine Demonstration, die für Nachhaltigkeit und Umweltschutz einsteht, und macht gemeinsam auf eure Anliegen aufmerksam. Die Fridays-for-Future-Demonstrationen finden mittlerweile deutschlandweit statt. Eine weitere Möglichkeit, speziell für Familien, ist die Kidical Mass. Das ist eine weltweite Bewegung von Fahrraddemos, bei der Kinder und nachhaltige Mobilität im Fokus stehen.

Praxistipp: Bei vielen großen Demonstrationen ist der Demonstrationszug in verschiedene Bereiche unterteilt und es gibt häufig einen ruhigeren Familienbereich.

Organisiert eine Spielzeug-Tausch-Party

Wie der Name schon sagt, werden bei einer Spielzeug-Tausch-Party Spielsachen getauscht, ganz nach dem Motto: tauschen, statt wegschmeißen oder neu kaufen. Frag im Kindergarten oder in der Schule nach, ob am Nachmittag eine Möglichkeit besteht, die Räume oder den Außenbereich dafür zu nutzen. Dann druckst du Flyer, um die anderen Kinder und Eltern zum Mitmachen zu motivieren.

Statt einer Spielzeug-Tausch-Party könnt ihr auch eine Kleider-Tausch-Party mit Kinder- oder auch Erwachsenenkleidung organisieren.

Organisiert einen Clean-Up

Ein Clean-Up ist ein Müllsammel-Tag. Müll findet ihr überall, egal ob in der Stadt oder auf dem Land. Plastikverpackungen und Zigarettenkippen verschmutzen die Gehwege, Parks oder Spielplätze. Ruft eure Freunde zusammen und legt los. Ihr werdet überrascht sein, wie viel Müll dabei (leider) zusammenkommt.

Tretet einem Naturschutz-Verein bei

Tretet einem Verein, Verband oder einer Organisation bei, die sich den Themen Nachhaltigkeit oder Umweltschutz verschrieben haben. Oft gibt es spezielle Angebote auch für Kinder oder Familien.

MITMACH-IDEEN FÜR KINDER:

- **Flohmarkt:** Die Kinder steuern aus ihrem Kinderzimmer Spielsachen und Kleidung zum Verkaufsstand bei. Der Verkaufserlös wandert zum Beispiel in eine Eiskasse.
- **Vernetzt euch mit den Nachbarn:** Die Kinder können beim Schreiben bzw. Gestalten von Zetteln für das Schwarze Brett mithelfen.
- **Demonstration:** Bastelt gemeinsam Plakate für die Demonstration und ladet befreundete Familien ein, euch zu begleiten.
- **Tausch-Party:** Die Kinder können beim Gestalten der Flyer, die auf die Party aufmerksam machen, mithelfen. Beim Aussuchen und Tauschen der Spielsachen sind sie ohnehin die Hauptakteure.

- **Müllsammeln:** Auch schon kleine Kinder finden Müllsammeln richtig spannend. Praxistipp: Mit einer Grillzange ausgestattet, muss niemand den Abfall mit den Händen anfassen. Bei uns gilt folgende Regel: Das Sammeln von Glasscherben oder Spritzen ist verboten.

> **WENN ES EIN BISSCHEN MEHR SEIN DARF**
> Kümmert euch um einen öffentlichen Bücherschrank oder eine Givebox. Eine Givebox ist eine Tauschbox und funktioniert wie ein öffentlicher Bücherschrank. Hier habt ihr die Möglichkeit, Dinge mitzunehmen oder selbst reinzulegen. Das können Spielwaren, Kleider, Tassen oder auch funktionierende Elektrogeräte sein. Aber Vorsicht: Das ist eine Menge Arbeit über einen langen Zeitraum, der auch an behördliche Auflagen geknüpft ist.

Online-Ideen für Familien

In Zeiten des Internets kannst du dich auch online als Teil einer Gemeinschaft fühlen. Es kommt zudem nicht selten vor, dass aus einem Online-Kontakt ein Offline-Treffen wird. Das Internet macht es uns außerdem sehr einfach, für eine Sache einzustehen bzw. zu kämpfen und virtuell andere Familien mit an Bord zu holen.

Vernetze dich online mit deinem Stadtviertel

Auf nebenan.de, einer Community-Plattform, kannst du dich mit den Menschen aus deinem Stadtviertel online vernetzen und Gegenstände zum Tauschen oder Leihen anbieten, eine Fahrt zum Wertstoffhof organisieren und vieles mehr. Hier tummeln sich selbstverständlich auch Eltern bzw. Familien.

MITMACH-IDEE FÜR KINDER: STARTET EINE PETITION

Mit Hilfe von Erwachsenen können auch schon Kinder online eine Petition starten und Unterschriften für oder gegen etwas sammeln, denn für eine Petition gibt es kein Mindestalter. Das geht zum Beispiel auf einer Plattform wie openPetition.

Wenn du Kinder hast, die sich viele Gedanken über Nachhaltigkeit und Umweltschutz machen und Missstände bemängeln, dann kannst du sie mit einer Petition unterstützen, ihre Anliegen öffentlich zu teilen.

> **ERFOLGREICHE PETITION VON KINDERN**
>
> Dass auch Kinder schon erfolgreich eine Petition starten können, zeigt das Beispiel von Ella und Caitlin McEwan aus England. Mit ihren sieben und neun Jahren haben sie McDonalds und Burger King dazu aufgefordert, mit ihren Menüs kein Plastikspielzeug mehr zu verschenken. Und sie hatten damit Erfolg.

MITMACH-IDEE FÜR KINDER: SCHREIBT E-MAILS

Hilf deinen Kindern, eine E-Mail an die Politiker*innen eurer Stadt oder Gemeinde zu schreiben. Ihr könnt euer Anliegen zusätzlich an eine lokale Zeitung verschicken. Erzählt auch Freund*innen und Bekannten davon und schickt ihnen eine Vorlage samt E-Mail-Adressen, um die Flut der Nachrichten zu erhöhen. Ganz gleich, ob ihr eine Antwort bekommt oder nicht, in jedem Fall bringst du deinen Kindern bei, wie Demokratie und Bürgerbeteiligung funktionieren und wie wichtig es ist, für ein Anliegen einzustehen.

> **KEINE ZEIT? SPENDEN STATT STRESSEN**
>
> Für die Tipps in diesem Kapitel brauchst du in der Regel Zeit. Wenn du diese gerade nicht hast, dann stress dich nicht. Eine Spende, auch eine kleine, ist ebenfalls eine große Hilfe. Wenn ihr kein Projekt oder keinen Verein kennt, den ihr unterstützen könnt, dann schaut auf Deutschlands größter Spendenplattform betterplace.org vorbei.

> Dort gibt es zahlreiche Projekte auch im Bereich Klima- und Umweltschutz, die sich über eine Spende freuen. Die Filterfunktion ist einfach und mit ein paar Klicks entdeckst du spannende Projekte weltweit oder direkt bei dir in der Umgebung. Suche drei Projekte aus und lasse deine Kinder entscheiden, welches ihr unterstützen sollt.

Offline-Ideen mit dem Internet verknüpfen

Das Internet ist eine feine Sache und ihr könnt damit vom Sofa aus in Sachen Nachhaltigkeit tätig werden.

Sammelt online Spenden für ein Nachhaltigkeits-Projekt

Spenden sammeln kann richtig Spaß machen, vor allem in Zeiten des Internets. Auf der Plattform betterplace.org könnt ihr als Familie Spenden sammeln für jeden Kilometer, den ihr mit dem Fahrrad statt mit dem Auto zurücklegt oder für jedes Tor, das der Fußballverein schießt. Wichtig ist, dass dabei klar wird, für welchen Zweck ihr Fahrrad fahrt, Tore schießt usw. Oder anders ausgedrückt: Was macht ihr mit dem gesammelten Geld? Per Messengerdienst oder E-Mail ist der Link zum Spendenaufruf schnell mit Freunden und Bekannten geteilt.

Kämpft für eine Sache, die euch wichtig ist

Das kann ein autofreier Tag in eurer Straße, eine verkehrsberuhigte Zone, eine vegetarische oder vegane Woche im Kindergarten, ein Schulgarten oder vieles mehr sein. Nutzt die Online- und Offline-Ideen in diesem Kapitel, um für euer Anliegen einzustehen. So könnt ihr Freund*innen, Bekannte und Unbekannte mit an Bord holen, und die Macht der Gemeinschaft und des Internets helfen euch dabei.

Wissen für Kids: Gemeinsam für die Umwelt einstehen

„Kinder kommt, wir gehen demonstrieren und anschließend setzen wir eine Petition auf." Aller Aktivismus in Ehren, für die fragenden Augen deiner Kinder solltest du dir auf jeden Fall Zeit nehmen. Deshalb gibt es in diesem Kapitel Erklärungen für die kindliche Neugierde rund um alle Fragen, die auftauchen, wenn ihr mit anderen Familien aktiv werdet.

Das ist eine Demonstration

Bei einer Demonstration treffen sich Menschen auf einer Straße oder einem bestimmten Platz, um gemeinsam für eine Sache zu demonstrieren, die sie für wichtig halten. Zum Beispiel den Schutz der Umwelt. Dafür basteln sie Schilder, die sie hochhalten, und rufen laut ihre Meinung. Je mehr Personen sich bei einer Demonstration treffen, desto mehr Menschen werden auf die Demonstranten und ihr Anliegen aufmerksam. Ziel einer Demo ist es, Druck auf die Politik auszuüben. Politiker*innen können Entscheidungen für unser Land treffen, an die sich alle halten müssen. Dadurch können sie die Umwelt schützen.

Das ist Fridays for Future

Fridays for Future (auf Deutsch: „Freitage für die Zukunft") ist der Name einer Bewegung, die sich zusammengetan hat, um gemeinsam für den Schutz unseres Planeten zu kämpfen. Die Bewegung wurde von Schüler*innen und anderen jungen Menschen gestartet. Sie gehen an manchen Freitagen nicht zur Schule, sondern demonstrieren gemeinsam dafür, dass die Erwachsenen und Regierungen mehr für den Umweltschutz tun sollen.

Den Anfang machte das schwedische Mädchen Greta Thunberg, das mit 15 Jahren vor dem schwedischen Parlament demonstrierte, statt zur Schule zu gehen. „Fridays for Future" hat es geschafft, dass die Klimakrise weltweit sehr viel Aufmerksamkeit bekommt.

Das ist eine Petition

Eine Petition ist eine Art Brief, den Menschen an die Regierung bzw. an wichtige Leute schicken können, um etwas zu verändern. Das geht ganz einfach über das Internet. Mit der Hilfe eines Erwachsenen können auch Kinder eine Petition starten, denn hierfür gibt es kein Mindestalter. Andere Menschen haben dann die Möglichkeit, diese Petition online zu unterschreiben. Kommen sehr viele Unterschriften zusammen, dann muss sich die Regierung die Petition anschauen.

> **NACHGEFRAGT: MIT KINDERN IM DIALOG BLEIBEN**
> Frage deine Kinder, ob es in Sachen Umwelt- oder Klimaschutz etwas gibt, das ihnen außerhalb von daheim nicht gefällt. Überlegt gemeinsam, wie ihr etwas ändern könnt. Vielleicht ein Gespräch mit der Schulleitung, damit mehr Mülleimer im Schulhof aufgestellt werden? Oder eine E-Mail an den Elternbeirat der Kita, um für einen veganen Tag im Essensplan einzustehen?

Das ist eine Spende

Du kannst Kleidung, Spielsachen, Essen oder Geld spenden und damit andere Menschen oder Projekte unterstützen. Spendest du Geld, dann bekommst du es nicht zurück, sondern es wird für das Projekt genutzt. Zum Beispiel, um Flyer oder Plakate auszudrucken, Räume für Infoveranstaltungen zu bezahlen usw.

FAMILIENFESTE FEIERN: BUNT, LUSTIG, NACHHALTIG

Eine Geburtstagsfeier ist für Kinder immer dann besonders schön, wenn die Geschenkeflut an Plastikspielzeug schier unendlich ist, der mit Helium gefüllte Plastikluftballon über dem mit Einweggeschirr gedeckten Tisch schwebt und das quietschbunte Geschenkpapier die Restmülltonnen zum Überlaufen bringt. Auch wenn das jetzt ironisch überspitzt dargestellt ist, so ist es doch oft so, dass bei Feiern alle Nachhaltigkeitsgedanken unter den Geschenketisch fallen. Das muss aber nicht so sein.

In diesem Kapitel findest du Ideen für nachhaltige Familienfeiern, die Spaß machen und trotzdem Ressourcen und Geld sparen. Ganz nebenbei darf dein Kind erfahren, dass ein gelungenes Fest nicht von der Fülle an Geschenken und socialmedia-tauglich arrangierten Einweg-Dekorationsideen abhängig ist.

Feste richtig feiern

Was spricht dagegen, bei Festen ein Vorbild im Sinne der Nachhaltigkeit zu sein? Entscheide dich bewusst dafür, den Fokus einer Party auf das Beisammensein, die Spiele, den Spaß und den Kuchen zu legen.

Selbstverständlich sind auch die Geschenke für Kinder ein wesentlicher Teil der Feier. Wenn es dir wichtig ist, welche und wie viele Geschenke deine Kinder bekommen, kannst du schon im Vorfeld durchaus Einfluss darauf nehmen.

Bei der Dekoration darfst du dir gerne an die eigene Nase fassen, denn hier lassen wir uns häufig von Bildern anderer Eltern blenden. Du liebst dein Kind und ihr werdet mit Freunden und Familie ein großartiges Fest feiern, auch ohne eine Dekoration, mit der du einen Interieur-Wettbewerb gewinnen könntest.

Gemeinsame Momente wiegen so viel mehr als übermäßiger Konsum. Eine nachhaltig ausgerichtete Party hat nichts mit Verzicht zu tun, sondern ist reich an gemeinsamen Erlebnissen. Dazu kommt, dass es herrlich befreiend ist, wenn man seinen eigenen Perfektionismus bezüglich Geschenke, Deko und Essensmenüs über Bord wirft. Der Spruch *„Weniger ist mehr"* gilt auch beim Feiern. Er bedeutet für dich weniger Stress bei der Vorbereitung, weniger ausgegebenes Geld und mehr Zeit mit deinen Liebsten. Für mich persönlich klingt das erstrebenswert.

> **KANNST DU NOCH GUTE FESTE FEIERN?**
> Richtig gute Feste zu feiern, die Erinnerungen schaffen, bei denen gelacht, getobt, geweint und sich auch wieder vertragen wird, bei denen durcheinandergegessen wird und bei denen wir Eltern „Neune gerade sein lassen", bei denen die Geschenke in den Hintergrund rücken und die Deko am Ende ohnehin niemanden mehr interessiert: Das dürfen wir Eltern wieder lernen.

Familienfeste feiern: Bunt, lustig, nachhaltig

Eine nachhaltige Feier ist eine großartige Möglichkeit darüber nachzudenken, was eine gute Feier wirklich ausmacht, was dir dabei wichtig ist und was deine Kinder wirklich glücklich macht.

Grüne Geschenkideen

Zu einer Feier gehören meist auch Geschenke: Sinnvoll und umweltbewusst zu schenken ist einfach. Auf den folgenden Seiten habe ich viele Ideen für grüne Geschenke und nachhaltiges Feiern für dich gesammelt.

Die grüne Geschenkewunschliste

„Haben deine Kinder einen bestimmten Geschenkewunsch?"

Die Frage nach dem Geschenkewunsch kennst du sicherlich nur zu gut. Steht ein Fest bevor, dann erreicht sie ein Elternteil unweigerlich. Vor allem kleine Kinder haben allerdings selten konkrete Geschenkewünsche. Liegt die Idee für ein passendes Geschenk in deiner Verantwortung? Nein, das tut sie grundsätzlich nicht. Ist es dir allerdings wichtig, was deine Kinder geschenkt bekommen, dann kannst du entweder mit einer konkreten Idee antworten oder zumindest den Geschenkerahmen abstecken.

Kommuniziere klar, dass ihr möglichst wenig Plastikgegenstände besitzen wollt. Ein Geschenk ohne Plastik und ohne Plastikverpackung wäre also großartig. Du kannst die Fragenden auch bitten, auf Mitbringsel zu verzichten, die mit Batterien funktionieren. In einem Nebensatz erwähnen kannst du noch, dass die Geschenke im Sinne der

Müllvermeidung gerne in Zeitungspapier eingepackt werden können. Damit dürfte den Schenkenden klar geworden sein, wie wichtig euch Nachhaltigkeit ist. Im Gegenzug solltest du dich auch selbst beim Schenken an deine Nachhaltigkeitsbemühungen halten.

> **GESCHENKE NACHHALTIG VERPACKEN. SO GEHT'S:**
> Bereits benutztes Geschenkpapier aufheben und wiederverwenden.
>
> Kaufe und nutze Geschenkpapier mit dem Siegel Der blaue Engel. Papier, das mit diesem Siegel gekennzeichnet ist, besteht zu 100 Prozent aus Altpapier.
>
> Verpacke Geschenke in wiederverwendbare Verpackungen wie Einmachgläser, Schals, Tücher, Körbchen, Geschirrtücher.
>
> Altes Zeitungspapier, alte Kalender, ausrangierte Comics, Notenblätter oder Schnittmuster ergeben ebenfalls eine optisch schöne Verpackung.
>
> Für die Dekoration der Geschenke eignen sich Jutegartenschnüre (sind biologisch abbaubar) und Naturdeko (Tannenzapfen, Blätter, Kräuter, ein Gänseblümchen, getrocknete Orangenscheiben).
>
> Bastelt eine T-Shirt-Tasche aus einem T-Shirt als Geschenkverpackung.

Ideen und Inspiration für nachhaltige Geschenkideen gibt es online bei avocadostore.de, littlegreenie.de oder bio-kinder.de. Hast du einen kleinen, lokalen Laden bei dir um die Ecke? Dann unterstütze ihn mit einem Kauf, statt online ein Geschenk zu klicken.

Kann man gebrauchte Sachen an Freunde verschenken? Selbstverständlich geht das. Auf Plattformen wie Kleinanzeigen gibt es wirklich jedes erdenkliche Spielzeug, und das ganz oft noch so gut wie neu. Große Geschenke wie Laufrad, Roller und Fahrräder haben wir dort schon immer gebraucht gekauft und unseren Kindern geschenkt.

> **SECOND-HAND-GESCHENKE FÜR DEN KINDERGE-BURTSTAG? EIN VERSUCH IST ES WERT**
>
> Die meisten Kinder besitzen sehr viel Spielzeug. Warum also nicht ein Spielzeug verschenken, das ohnehin keine Aufmerksamkeit mehr bekommt? Dabei darf das eingeladene Kind selbst entscheiden, welchen Gegenstand es dem Freund oder der Freundin schenken möchte. Ich persönlich finde die Idee schön. Wem der Vorschlag „komisch" vorkommt, weil aus irgendeinem Grund nur neue Geschenke einen Wert haben, der darf auch noch etwas selbstgekauftes dazulegen.
>
> Ich persönlich habe die Idee vor dem Kindergeburtstag meiner vierjährigen Tochter angeregt. Darauf angesprungen ist zwar niemand, aber einen Versuch war es wert.

Zeit statt Zeug

Von der Idee „Zeit statt Zeug" hast du sicherlich schon einmal gehört. Dabei geht es darum, ein gemeinsames Erlebnis zu verschenken. Ist das Event an ein bestimmtes Datum geknüpft, dann musst du vor dem Schenken selbstverständlich erst die zu Beschenkenden oder die Eltern fragen. Es gibt aber auch viele Ideen, die zeitlich flexibel sind.

> **ZEIT-GUTSCHEIN EINFACH VERPACKT**
>
> Überreiche das Geschenk zum Beispiel mit einem selbstgemachten Kuchen oder Popcorn (beides gibt es auch in der Kaufversion, wenn die Zeit knapp ist) und einer selbstgebastelten Karte und schon ist das Geschenk perfekt.

20 Zeit-statt-Zeug-Ideen

1. Kino
2. Schwimmbad
3. Plätzchenback-Nachmittag
4. Kinderausstellung
5. Zoo/Tierpark
6. Ausflug in die Natur
7. Kletterpark
8. Tretbootfahren
9. Freizeitpark
10. Theater
11. Pizzaback-Abend
12. Übernachtungsparty
13. Schlittschuhlaufen
14. Kinderkonzert
15. Erdbeeren pflücken und Marmelade daraus kochen
16. Walderlebnispfad
17. Besonderer Spielplatz
18. Kasperle-Theater
19. Kinoabend daheim
20. Kinderkunsthaus

Eine nachhaltige Geburtstagsparty schmeißen

Einmal im Jahr laufen viele Eltern auf Partyhochtouren. Es wird gekauft, dekoriert, gebacken und eingepackt, was das Zeug hält. Und das alles nur, damit die Geburtstagsparty des Kindes möglichst perfekt vorbereitet und optisch ansprechend ist. Wann ist das eigentlich passiert? Dieser Anspruch an sich selbst, dass ein Geburtstag für ein möglicherweise noch kleines Kind makellos sein muss? Oder war das schon bei unseren Eltern so? Ich weiß es nicht. Was ich aber weiß ist, dass es ungemein anstrengend, zeitaufwendig und durchaus kostenintensiv ist und auch anders geht. Ich zeige dir in diesem Kapitel wie.

Die nachhaltige Partydekoration

Mottopartys brauchen ihre passende Deko, so viel steht schon einmal fest. Um das Motto herum gibt es allerdings Dekoration, die du jedes Jahr wieder verwenden kannst. Dazu zählt die Happy-Birthday-Girlande oder eine Girlande aus Stoffwimpeln, der Geburtstagszug aus Holz, der jedes Jahr erweitert wird oder auch eine Krone für das Geburtstagskind aus Filz bzw. Musselin.

Wir besitzen übrigens nur eine Girlande und bisher hat keines meiner Kinder den oben genannten Zug oder die Krone vermisst. Dafür sind Luftballons bei uns ein Muss in Sachen Dekoration. Und da habe ich gute Nachrichten: Es gibt mittlerweile abbaubare Ballons aus Naturlatex oder Kautschuk.

Und die Sache mit dem Motto? So kannst du dem Motto-Wunsch deiner Kinder gerecht werden:
- Nutze Motto-Servietten, die du gleich als Teller verwenden kannst. Verzichte auf Einweggeschirr.
- Drucke kleine Motto-Bilder aus und befestige sie mit Zahnstochern auf dem Kuchen oder den Muffins.

- Drucke Motto-Bilder zum Ausmalen aus und hänge sie als Girlande auf. Am Ende vom Geburtstag darf sich jedes Kind ein Bild aussuchen und mit nach Hause nehmen.
- Backe Kuchen in Motto-Form.

Die Geburtstagsspiele

Es gibt richtig viele Spiele, die ganz ohne Müll auskommen:
- Stopptanz
- Polonaise
- Reise nach Jerusalem
- Blinde Kuh
- Eine Schnitzeljagd, die überwiegend mit Naturmaterialien gestaltet wird
- Einen Besuch auf einem Spielplatz oder einem Walderlebnispfad finden Kinder auch super, und er kommt ganz ohne Müll aus.

Kinder brauchen gar nicht so viele Spiele: Lustige Musik, ein bisschen tanzen und freies Spielen machen Spaß und einen gelungenen Geburtstag aus. Bei Spielen wie Topfschlagen, bei denen es einen Preis gibt, kannst du einfach lose Süßigkeiten unter den Topf legen. Für den Schatz bei der Schnitzeljagd findest du im folgenden Abschnitt viele nachhaltige Ideen.

Die Mitgebsel

Es ist mittlerweile üblich, dass die Geburtstagsgäste eine kleine Mitgebseltüte von der Party mit nach Hause nehmen dürfen. Das ist selbstverständlich kein Muss und du kannst auch einfach darauf verzichten. Es bereitet den meisten Geburtstagskindern große Freude, etwas (zurück) zu schenken und so gibt es auch bei uns jedes Jahr ein Mitgebsel: eine kleine Geschenketasche (aus Altpapier), gefüllt mit einigen wenigen Kleinigkeiten.

Nachhaltige Mitgebsel-Idee: Süßigkeiten
In unserem Supermarkt um die Ecke sind die bunten Smarties aktuell noch die einzige Süßigkeit, die gänzlich ohne Plastikverpackung auskommt. Ein Grund, warum die bunten Schokodrops immer wieder in unseren Mitgebseltüten landen. Ansonsten kannst du Gummibärchen auch in der Großpackung kaufen und lose in die Mitgebseltüte legen. Die meisten Kinder essen sie ohnehin sofort.

MITMACH-IDEE FÜR KINDER: SELBSTGEBASTELTE MITGEBSEL
Bastelt auf dem Geburtstag eine Kleinigkeit selbst, die jedes Kind im Anschluss mitnehmen kann. Je nach Alter und Temperament der Kinder eignet sich eine andere Bastelidee. Das Internet ist voll mit Basteltipps, die allein ein ganzes Buch füllen könnten. Besonders nachhaltig sind Upcycling-Bastelideen, bei denen ihr aus Gegenständen wie leeren Klopapierrollen, Eierkartons usw. etwas bastelt.

Weitere Ideen für nachhaltige Mitgebsel sind Samenbomben, Saatgutkonfetti, selbstgemachte Salzteigfiguren, die die Kinder daheim bemalen können, Samen für Kresse oder heimische Wildkräuter, eine ausgedruckte Affirmationskarte (kam bei uns beim letzten Geburtstag unglaublich gut an), bunte Murmeln, Halbedelstein oder Holzmalstifte.

Grüne Geschenkideen für Erwachsene

Grundsätzlich haben die meisten Erwachsenen schon alles, was sie brauchen. Du musst bei Feiern also nicht dem Konsumwahn verfallen.
- Die Zeit-statt-Zeug-Ideen und etwas Selbstgemaltes von den Kindern sind auch für Erwachsene eine schöne Geschenkidee.
- Spenden statt Schenken: Wenn die gemeinsame Zeit knapp oder die Entfernungen für Zeit-statt-Zeug-Geschenke zu groß sind, dann spendest du einen Betrag, statt ein Geschenk zu kaufen. Du hast sozusagen im Namen der Beschenkten etwas gespendet.

- Blumengeschenke: Achte beim Blumenkauf darauf, dass die Blütenpracht lokal angebaut wurde. Ansonsten ist ein Ableger vom eigenen Balkon oder Garten ebenfalls eine blumige Geschenkidee.

> **LIEBE GEHT DURCH DEN MAGEN**
> Ein Essensgeschenk, wie ein selbstgemachtes Kräutersalz, Sirup, Knuspermüsli oder Schokolade, ist schnell gezaubert und lässt sich im Einwegglas nachhaltig verpacken. Es ist nicht nur schön anzuschauen, sondern schmeckt auch gut. Ich bin mir sehr sicher, dass die Kinder bei der Zubereitung gerne helfen.

Wissen für Kids

Ein nachhaltiges Fest zu feiern hat ganz viel damit zu tun, welchen Wert ihr in eurer Familie materiellen Gegenständen geben wollt. Diese Einstellung geht Hand in Hand mit eurem Konsumverhalten und bei Feiern auch mit dem Thema Müll. Das dürfte durchaus Fragen aufwerfen, denn auch schon kleine Kinder vergleichen ihre Geburtstagsdekoration und Geschenke mit denen der Freunde.

Du kannst mit ihnen ganz einfach ins Gespräch kommen, indem ihr gemeinsam die Abschnitte → „Wissen für Kids: Konsum-Check" und → „Wissen für Kids: Alles Müll, oder was?" lest.

ALS FAMILIE AKTIV DIE NATUR SCHÜTZEN

Ich bin der festen Überzeugung, dass ein nachhaltiges Bewusstsein an der frischen Luft beginnt. Im Wald, im Garten, auf dem Balkon oder im Stadtpark. Kinder erleben an diesen Orten einerseits Natur, andererseits haben sie die Möglichkeit, sich dort aktiv für den Umweltschutz zu engagieren. Ein Thema, das mir besonders am Herzen liegt, Familien viel Spaß macht und sie zusammenschweißt.

Egal ob als Waldabenteurer oder als Hobbygärtnerin, die meisten Kinder lieben es, draußen zu sein und sich in bzw. mit der Natur zu beschäftigen. Warum die Natur so wichtig für uns Menschen ist, kannst du ihnen in dem Abschnitt → „Wissen für Kids: Naturschutz leicht erklärt" in diesem Kapitel vorlesen. Oder ihr beherzigt meine Tipps zum Draußensein, egal ob auf Abenteuern und beim Blumen pflanzen, und schaut, was diese Zeit für euch bedeutet und mit euch macht.

Meine Familie und ich lieben diese kleine Auszeiten in der Natur. Wir brauchen sie regelrecht, um im stressigen Familienalltag gemeinsam innezuhalten. Ich bin der festen Überzeugung, dass nachhaltige Umwelterziehung genau so funktioniert. Mit dem Erleben und Lieben der Natur. Denn nur, was wir kennen und lieben, können wir auch nachhaltig schützen.

Auf ins Mikroabenteuer

Ein Mikroabenteuer ist ein Ausflug in die Natur oder zu naturnahen Plätzen. Es ist ein kurzes Ausbrechen aus dem Alltag, ein Outdoor-Erlebnis am Nachmittag oder am Wochenende. Es ist kostengünstig und simpel, es startet im Idealfall direkt vor eurem Zuhause und lässt sich gut in den Familienalltag integrieren. Auf den folgenden Seiten möchte ich dich für die große Idee der kleinen Mikroabenteuer begeistern.

Mikroabenteuer und nachhaltiges Leben

Die Natur ist unser natürlicher Lebensraum und kein Museum. Wir sind ein Teil von ihr und wir müssen aufpassen, dass uns die Natur nicht immer fremder wird. Wir brauchen saubere Luft, sauberes Wasser, intakte Böden, gesunde Wälder und Artenvielfalt, damit wir noch eine Weile auf dieser Erde leben können.

Verbringst du mit deinen Kindern gemeinsam Zeit in der Natur, dann kannst du ihnen ganz nebenbei mit auf den Weg geben, wie wunderschön und schützenswert sie ist, denn nur was wir lieben, können wir auch nachhaltig schützen.

7 einfache Mikroabenteuer-Ideen

Wir alle wissen, dass Zeit in der Natur wichtig für uns und unsere Kinder ist, nehmen sie uns aber viel zu selten. Die folgenden sieben Mikroabenteuer-Ideen lassen sich schnell umsetzen und auch in einen durchgetakteten Familienalltag integrieren.

Du wohnst in der Stadt? Das macht nichts. Jede Stadt hat eine sogenannte Stadtnatur in Form von Parks, und wo die Stadtgrenzen verlaufen, beginnen Wiesen, Felder und Wälder.

Nehmt euch als Familie bewusst gemeinsame Zeit in der Natur, lernt dabei wieder, wie sie sich anfühlt, wie sie riecht und wie sie schmeckt. Geht raus, lasst das durchgetaktete Leben hinter euch und schafft an der frischen Luft gemeinsame Erlebnisse.

1. Naturkunstwerke erschaffen
Egal ob im Wald oder im Stadtpark: Naturmaterialien wie Steine, kleine oder große Stöcke, Blumen, Eicheln, Kastanien, Zapfen, Federn usw. findet ihr überall. Daraus lassen sich kleine Naturkunstwerke wie Mandalas, Körperbilder oder lustige Gesichter legen.

2. Draußen essen und kochen
Essen müssen wir irgendwann alle, und grundsätzlich solltest du nie ohne ausreichend Snacks und Getränke zu einem Mikroabenteuer aufbrechen. Kinder lieben das Draußenessen. Ein bisschen geschnittenes Obst und Gemüse, eine Brezel oder ein Brötchen und vielleicht noch ein Aufstrich zum Dippen – und schon ist das Essen an der frischen Luft bzw. in der Natur fertig.

Du kannst euren Ausflug noch ein bisschen abenteuerlicher gestalten, indem du draußen kochst. Das geht auch ohne entsprechendes Equipment, wie Kocher oder Camping-Geschirr.

> **DRAUSSEN KOCHEN MIT HEISSEM WASSER: COUSCOUS-ALLERLEI FÜR 4 PERSONEN**
>
> Couscous ist das perfekte Essen für Mikroabenteuer, denn er schmeckt lecker und du brauchst dafür nur heißes Wasser aus der Thermosflasche und eine Schüssel.
>
> **Zutaten:**
> - 200 g Couscous
> - 300 ml heißes Wasser
> - Salz, Pfeffer
> - Evtl. Feta, Frischkäse oder Pesto

> Gemüse nach Belieben: Ihr könnt das Gemüse gemeinsam draußen schneiden oder ihr bereitet daheim schon alles vor. Es eignen sich getrocknete Tomaten, frische Cocktail-Tomaten, Oliven, Paprika, Frühlingszwiebeln usw.
>
> **Anleitung:**
> Couscous mit dem heißen Wasser aufgießen und mit einem halben Teelöffel Salz aufquellen lassen. Anschließend mischt sich jede*r seine Portion Couscous nach Belieben und würzt mit Salz oder Pfeffer entsprechend nach.

3. Barfußlaufen

Barfußlaufen ist eine Wohltat für unsere Füße bzw. unsere Sinne und ist obendrein die natürlichste Art, um sich fortzubewegen. Barfußlaufen ist ein Mikroabenteuer, das ihr überall erleben könnt. Einfach raus aus den Schuhen und Socken und auf ins Mikroabenteuer.

Barfußlaufen geht das ganze Jahr über. Auch im Winter! Einmal kurz mit nackten Füßen über den eisigen Schnee laufen regt die Blutzirkulation an und stärkt das Immunsystem.

4. Müllsammeln

Diese kleinen Aufräumaktionen in der Natur finden bei Kindern großen Anklang. Mit einer Grillzange und einer Tüte ausgestattet geht es los. Viel frische Luft, Bewegung und das großartige Gefühl, eure tägliche Spaziergang-Runde ein wenig sauberer gemacht zu haben, sind euch dabei garantiert.

5. Wichtel- und Feenhäuser bauen

In der Natur gibt es unzählige Materialien, mit denen ihr nach Lust und Laune werkeln und etwas daraus bauen könnt. Macht euch auf in den nächsten Wald und baut gemeinsam einen Unterschlupf für Wichtel, Feen und was sich sonst noch so im Wald tummelt.

6. Steinmännchen bauen
Steinmännchen sind aufeinander gestapelte Steine. Baut sie dort, wo ihr viele flache Steine findet, wie an Bachläufen oder manchen Stränden. Es ist gar nicht so einfach, richtig hohe Steinmännchen zu bauen, die nicht umfallen. Probiert es gemeinsam aus.

7. Kleine Tiere beobachten
Eine Tierbeobachtung ist ein Mikroabenteuer, das vor allem Kleinkinder ohnehin täglich erleben. Egal ob auf dem Nachhauseweg oder im Wald, geht gemeinsam in die Hocke und beobachtet, wie viele Tiere unterwegs sind. Wer sich traut, darf eines über Hände und Arme krabbeln und sich kitzeln lassen.

5 Tipps für ein gelungenes Mikroabenteuer

1. Warte nicht auf gutes Wetter
Tage, an denen das Wetter genau die richtige Temperatur hat und der Kalender gähnend leer ist, sind eher selten. Geht raus in die Natur für ein Mikroabenteuer, auch bei weniger sonnigen Bedingungen.

2. Schmutzig machen ist erlaubt
Nichts erstickt die kindliche Freude und Neugierde am Draußensein mehr, als die Vorgabe, sich nicht schmutzig machen zu dürfen.

3. Mache ein Mikroabenteuer nicht zum pädagogischen Ausflug
Es geht nicht darum, dass deine Kinder nach eurem Ausflug zehn Baumarten aufzählen können oder verschiedene Blumen kennen. Es geht um die Sinneserfahrung und darum, die Schönheit der Natur zu erleben.

4. Einfach mal machen lassen
Kommen die Kinder in der Natur ins freie Spiel? Perfekt, dann lass sie machen.

5. Inszeniere kein Mikroabenteuer

Ein Mikroabenteuer ist gemeinsame Zeit in der Natur und kein für die Kinder inszenierter Ausflug. Du musst selbst Lust darauf haben, Feenhäuser zu bauen, in der Pfütze Hexensuppe zu kochen oder barfuß über die nasse Wiese zu flitzen.

> **NACHHALTIG AUF EIN MIKROABENTEUER GEHEN**
> Du kannst bei jedem Ausflug Nachhaltigkeit vorleben, indem du diesen im Einklang mit der Natur gestaltest:
> - Reise mit den öffentlichen Verkehrsmitteln an.
> - Packe verpackungsfreie Verpflegung ein.
> - Verhaltet euch respektvoll gegenüber der Natur.
> - Wähle Ausrüstung nachhaltig, indem du sie ausleihst oder gebraucht kaufst.

Ich hoffe, du hast ganz viel Lust bekommen, mit deinen Kindern Zeit in der Natur zu verbringen. Gemeinsame Outdoor-Zeit ist Teil eines grünen Familienlebens.

Wie ihr mit eurem Verhalten die Umwelt und die Natur schützen könnt, lernen deine Kinder durch dich als Vorbild. Das große Warum lernen sie aber erst, wenn sie sich selbst in der Natur aufhalten und sich mit ihr verbunden fühlen.

Du findest die Idee der Mikroabenteuer spannend? In meinem Buch „Mikroabenteuer mit Kindern", ebenfalls erschienen im humboldt-Verlag, stelle ich dir 55 Mikroabenteuer-Ideen vor. Dazu gibt es viele erprobte Tipps für den leichten Abenteuer-Einstieg.

Auch auf meinem Blog „a daily travel mate", dem Outdoor- und Reiseblog für Familien, findest du viele Tipps und Inspirationen zum Draußensein mit Kindern. Bist du bei Social Media? Dann folge mir gerne auf Instagram.

Hobbygärtnern mit Kindern, aber richtig

Gärtnern ist ein umweltfreundliches Hobby, in welches du deine Kinder miteinbeziehen kannst. Voraussetzung dafür ist nicht einmal ein eigener Garten oder Balkon.

Über das nachhaltige Gärtnern ließe sich schnell ein ganzer Ratgeber füllen. In diesem Teil des Buches beschränke ich mich deshalb auf eine Handvoll grundlegender Tipps, wie du dieses Hobby nachhaltiger gestalten kannst. Denn Pflanzen tun uns und vor allem dem Stadtklima gut, und die richtige Bepflanzung erhält Lebensräume und schützt Tierarten.

MITMACH-IDEEN FÜR KINDER:
- Überlasse deinen Kindern eine eigene Ecke im Garten oder auf dem Balkon.
- Übertrage ihnen verschiedene wichtige Aufgaben, wie das Gießen, Ernten oder Zurückschneiden bestimmter Pflanzen.

Lass deine Kinder überall mitmachen und werdet gemeinsam zu grünen Hobbygärtnern. So lernen sie mit Spaß, nachhaltig die Natur zu schützen. Dabei kannst du ihnen alle wichtigen Fragen rund ums grüne Gärtnern beantworten, wie z. B., warum du diese bestimmten Blumensamen einkaufst oder darauf achtest, dass die Blumen- und Pflanzenerde torffrei ist. Auch warum Wespen wichtig sind, selbst wenn sie manchmal nerven, kann dabei gut erklärt werden.

Das Insektenhotel

Wildbienen und Insekten haben es derzeit nicht leicht. Die Flächenversiegelung, der Klimawandel und der Einsatz von Dünger und Pestiziden machen es ihnen schwer, Nahrung und Nistplätze zu finden. Für Nistplätze kannst du sorgen, indem du Insektenhotels aufhängst.

Egal ob im Garten oder auf dem Balkon, mit dem richtigen „Hotel" werden euch sicherlich eine Menge Gäste besuchen.

Eine Bastelanleitung für ein Insektenhotel gibt es in diesem Buch nicht, denn diese selbst zu bauen finde ich wenig familienalltagstauglich. Zudem gibt es einiges zu beachten (richtiges Holz, richtige Füllung, richtige Bohrung), damit das Insektenhotel überhaupt als Nisthilfe angenommen wird. Leider sind auch so manche im Supermarkt oder Baumarkt zum Kauf angebotenen Varianten völlig ungeeignet, wie ich unlängst selbst erfahren musste.

> **RICHTIGE INSEKTENHOTELS KAUFEN**
> Geeignete Nisthilfen kannst du online beim NABU oder bei Wildbienenglück kaufen.

Einen Rückzugsort für Insekten schaffen

Wenn ihr einen eigenen Garten besitzt, kannst du ganz einfach etwas für unsere Insekten tun, indem du ein klein bisschen faul und unordentlich bist. Wilde Ecken sind Nahrungsquellen und Rückzugsorte gleichermaßen. Eine wilde Wiese, ein paar Schnittreste, Blätter, ein wenig Totholz oder abgestorbene Äste dazu und fertig ist ein kleines bisschen Wildnis, über das sich die Insekten freuen werden.

> **IHR HABT KEINEN GARTEN?**
> Vielleicht wohnt ihr in einer Anlage, in der der Hausmeister im Frühling regelmäßig den Rasen raspelkurz mäht? Auch hier ist es möglich, einen Teil nicht zu mähen und diese Inseln zu einer wilden Wiese für Insekten werden zu lassen. Ein kleines Nachhaltigkeitsziel, für das du mit deinen Kindern einstehen kannst.

Insektenfreundliche Blütenpracht

Was nutzt ein Nist- und Rückzugsort für die Insekten, wenn nichts Passendes zu essen da ist? Die beliebten Balkonpflanzen Geranien stammen ursprünglich aus Südafrika und der als Heckenpflanze häufig genutzte Kirschlorbeer kommt aus der Türkei. Beide Pflanzen sind für unsere heimischen Insekten und Vögel völlig ungeeignet. Nicht nur exotische, sondern auch züchterisch veränderte Pflanzen mit gefüllten Blüten bieten Insekten keine Nahrung.

Bienenfreundliche Pflanzen sind zum Beispiel: Fächer- und Glockenblumen, Kapuzinerkresse, Weißdorn, Kirsche, Schlehe, Rittersporn und Küchenkräuter. Und sehr, sehr viele mehr.

Achtet beim Kauf von heimischen Pflanzen und Saatgut darauf, dass sie im Idealfall aus Bio-Aufzucht kommen. Du kannst auch im Familien-, Bekannten- oder Freundeskreis fragen, wer Samen oder Ableger hat, und musst gar nicht neu kaufen.

> **SOLARLEUCHTEN UND LICHTERKETTEN AUSSCHALTEN**
>
> Schalte Solarleuchten und Lichterketten ab, sobald ihr ins Bett geht oder wenn ihr am Abend ohnehin nicht da seid. Die Lichtquelle zieht Insekten, wie zum Beispiel Motten, an und sie umkreisen diese bis zur Erschöpfung.
>
> Während viele Pflanzen ihre Knospen zur Nacht hin schließen, gibt es einige Pflanzen, die erst in der Dunkelheit aufblühen. Gerade diese sind normalerweise eine Futterquelle für nachtaktive Lebewesen. Zu viel künstliches Licht irritiert diese Pflanzen, sodass sie sich nicht mehr wie gewohnt öffnen.

Kräuter blühen lassen

Ein Kräutergarten ist ein Erlebnis für alle Sinne. Er riecht gut, die Kräuter schmecken köstlich und sie fühlen sich für Kinder spannend an. Beginnt der Kräutergarten zu blühen, dann sieht er wunderschön aus und wird sicherlich geschäftige Bienen anlocken, deren Summen nicht zu überhören ist. Lass einen Teil deiner Kräuter unbedingt für Insekten blühen und nutze nicht alles für eure Ernte.

Aus Kräutern lassen sich übrigens wunderbar nachhaltige Tischdeko, Geschenke-Deko oder auch nachhaltige Geschenke selbst basteln. Kinder haben hier häufig kreative und schöne Ideen.

Wildblumen säen

Wildblumen sind blühende Pflanzen, die in der freien Natur heimisch sind. Sie sind ein wichtiger Bestandteil unseres Ökosystems und für zahlreiche Insekten eine zentrale Nahrungsquelle. Besonders gut gedeihen sie auf sandigen, nährstoffarmen Böden.

Achte beim Kauf von Wildblumensamen darauf, dass es sich wirklich um heimische Wildblumen handelt. Der Anbau von Wildblumenarten ohne Pestizide ist teuer und aufwendig. Eine gute Wildblumenmischung für Balkon oder Garten kann deshalb nie günstig sein.

MITMACH-IDEE FÜR KINDER: SAMENBOMBEN SELBST HERSTELLEN

Samenbomben lassen sich ganz einfach selbst herstellen und sind eine nachhaltige Geschenkidee für alle Feiern, die im Frühling oder Frühsommer stattfinden. Meine Kinder waren mit Begeisterung bei der Sache dabei, aber ein bisschen staubig und matschig ist die Herstellung durchaus. Ich war froh, dass wir die Samenbomben auf dem Balkon gemischt haben.

Zutaten (für ca. 20 Stück):
- 200 g torffreie Blumenerde
- 200 g Tonerde-Pulver (Gartencenter oder Online)
- 3 Päckchen Saatgut
- Wasser und eine Schüssel
- Leere Eierkartons

Anleitung:
Blumenerde in die Schüssel geben und ein bisschen auflockern. Am besten entfernt ihr große grobe Teile. Wenn du die Kinder etwas länger beschäftigen möchtest, dann können sie die Erde vorher sieben. Anschließend mischt ihr das Tonerde-Pulver und die Samen dazu. Dann gibst du langsam so viel Wasser in das Gemisch, bis ihr die Masse zu kleinen Kugeln formen könnt. Legt die Kugeln in die leeren Eierkartons und lasst sie 48 Stunden trocknen. Fertig.

Torf? Nein danke!

Verzichte unbedingt auf Blumen- und Gartenerden, die Torf aus Hochmooren enthalten. Moore sind sehr effektive CO_2-Speicher der Erde und empfindliche Ökosysteme, die geschützt werden müssen. Kaufe deshalb ausschließlich torffreie Erde. Und Achtung: Nur weil „bio" auf einer Blumenerde steht, heißt das nicht, dass kein Torf darin enthalten ist.

Regenwasser sammeln

Regenwasser ist kalkarm und eignet sich für Pflanzen viel besser als Leitungswasser. Auf einem Balkon kannst du an Regentagen mit deinen Kindern einfach Eimer aufstellen. Es ist überaus spannend zu beobachten, wie viel Wasser bei einem Sommerschauer vom Himmel kommt. Im Garten musst du beim Sammeln von Regenwasser darauf achten, dass das Gefäß kindersicher ist und auch nicht zur Falle für Tiere werden kann.

MITMACH-IDEE FÜR KINDER: AUCH VÖGEL UND INSEKTEN HABEN DURST

Stellt eine Wassertränke für Vögel und Insekten auf. Das ist eine Aufgabe, um die sich Kinder wunderbar allein kümmern können. Ihr braucht eine flache Schale, Steine und Wasser und wenn möglich, ein bisschen Moos. Die Tränke sollte täglich ausgespült, saubergewischt und mit frischem Wasser gefüllt werden. Die Steine und das Moos müssen aus dem Wasser herausschauen, damit die Insekten einen sicheren Landeplatz haben, von dem aus sie trinken können.

DIE GRILLSAISON IST ERÖFFNET

Klimafreundlich grillen? Auch das geht. Wenn sich hier gerade alles ums Draußensein und den Garten dreht, da kommt wahrscheinlich nicht nur bei mir der Gedanke an die Grillsaison auf. Klar ist: Es müssen nicht immer nur Wurst und Fleisch auf den Grill. Wer mit Grillkohle grillt, der macht sich selten Gedanken über die Herkunft. Auf den Verpackungen fehlen leider häufig Hinweise über die Art und Herkunft des Holzes. Dieses stammt nämlich oft aus tropischen Regenwäldern aus nicht nachhaltiger Produktion. Deshalb solltest du beim Kauf auf das FSC- oder Naturland-Siegel achten.

Gärtnern ohne eigenen Garten

Du kannst auch ohne eigenen Garten oder Balkon mit deinen Kindern gärtnern.

- **Baumscheibe adoptieren:** Viele Städte bieten, nach Prüfung durch das entsprechende Baureferat, die Möglichkeit, die Fläche rund um eine Baumscheibe zu begrünen und sich langfristig darum zu kümmern. In München hilft zum Beispiel Green City e. V., Grünpat*in zu werden. In anderen Städten wird diese Möglichkeit des Gärtnerns als „eine Baumscheibe adoptieren" betitelt.
- **Bäume gießen:** Egal ob in der Stadt oder auf dem Land, unseren Bäumen ist es im Sommer zu trocken. Besucht einen Baum, den ihr einmal pro Woche gießt. Bringt ein bisschen Zeit mit, denn zwischen 30 und 50 Liter sollten es schon sein. Ist der Boden um den Baum sehr hart und trocken, dann feuchtet ihn langsam an.

- **Online einen Baum pflanzen:** Ecosia sei Dank. Wie oft bist du am Tag eigentlich im Internet, um etwas nachzulesen oder zu recherchieren? Egal wie oft, wenn du die Suchmaschine Ecosia nutzt, tust du der Umwelt etwas Gutes. Denn Ecosia verwendet die Einnahmen aus Suchanzeigen, um Bäume zu pflanzen.

ANGST VOR WESPEN?

Viele Kinder und Erwachsene gleichermaßen haben Angst vor Wespen. Dabei sind sie genauso wichtig wie alle anderen Insekten auch. Sie sind nicht nur Bestäuber, sondern auch Fleischfresser, und vertilgen jede Menge Schädlinge. Manche Wespenarten mögen auch Deftiges (Wurst) und Süßes (Kuchen). Sie interessieren sich lediglich für unser Essen und stechen nur, wenn sie sich bedroht fühlen. Vielleicht hilft dieses Wissen dir und deinen Kindern, ein bisschen gelassener mit den Wespen umzugehen.

So hältst du Wespen auf natürliche Art fern: Den Geruch von Nelken und Zitronen mögen Wespen ebenso wenig wie den Duft von Rosmarin oder Lavendel.

Wissen für Kids: Naturschutz leicht erklärt

Rausgehen und die Natur mit allen Sinnen erleben, gehört für mich genauso zu einem nachhaltigen Familienleben wie das gemeinsame Hobbygärtnern. Das ist ein bunter Themenmix, bei dem die kleinen Umweltschützer*innen sicherlich Fragen haben werden – hier kommen die Antworten.

Das ist die Natur

Die Natur ist all das auf unserer Erde, das nicht von uns Menschen gemacht wurde. Dazu zählen alle Pflanzen, aber auch Steine, die Luft um uns herum und das Wasser im Meer und in Flüssen, die Wolken, die Erde, der Strand usw.

> **NACHGEFRAGT: MIT KINDERN IM DIALOG BLEIBEN**
>
> Frage deine Kinder, wo in der Natur sie sich besonders wohlfühlen: am Meer, am Strand, im Wald, am See, in den Bergen? Denkt dabei an euren letzten Urlaub zurück oder auch daran, wo ihr am Wochenende gerne hingeht. Ihr könnt dabei die Augen schließen und euch an den Ort zurückträumen. Erzählt euch gegenseitig, was ihr hört, wie ihr euch fühlt, was ihr riecht usw.

Darum ist die Natur so wichtig für uns

Wir Menschen sind ein Teil der Natur. Wir wohnen in ihr und somit brauchen wir sie, um zu überleben. Zum Atmen benötigen wir saubere Luft und zum Trinken sauberes Wasser. Wir brauchen die Erde. Damit wir Pflanzen darauf anbauen können, damit wir etwas zu essen haben und die Insekten, damit aus Blüten später Früchte werden.

Darum ist jedes Tier wichtig

Jedes Tier, und sei es noch so klein oder nervig, hat in der Natur seine Aufgabe. Zum Beispiel brauchen wir die Bienen, denn sie sind dafür verantwortlich, dass aus den Blüten später Obst wird. Die Insekten haben aber auch noch eine andere Aufgabe: Sie sind Nahrung für Vögel. Vögel wiederum verbreiten Samen und sie vertilgen auch eine Menge Insekten, die als Schädlinge gelten.

> **NACHGEFRAGT: MIT KINDERN IM DIALOG BLEIBEN**
> Überlegt euch ein wildes Tier und sprecht gemeinsam darüber, welche Aufgabe es in der Natur haben könnte.

Das bedeutet Artensterben

Gibt es viele verschiedene Tierarten, dann sprechen wir von Artenvielfalt. Und diese Vielfalt ist wichtig, da jedes Tier gebraucht wird. Durch unser Verhalten tragen wir leider zum Artensterben bei. Das bedeutet, dass Tiere und auch Pflanzen aussterben, da sie keinen Lebensraum mehr finden.

Darum ist der Wald so wichtig

Der Wald ist für die Erde richtig wichtig, denn er ist der Lebensraum vieler Tier- und Pflanzenarten. Wenn wir den Wald nicht schützen, dann verlieren diese Tiere ihr Zuhause. Außerdem reinigt der Wald unsere Luft, speichert Wasser und das unsichtbare Gas Kohlendioxid (CO_2). Das ist enorm wichtig, denn wie wir ja bereits wissen, sorgt dieses Gas in der Luft dafür, dass unsere Erde immer wärmer wird. Der Wald ist also ein wahrer Alleskönner.

REISEN GRÜN DENKEN: DER NACHHALTIGE FAMILIENURLAUB

Wenn es um das Thema Reisen geht, schieben viele von uns ihre Nachhaltigkeitsgedanken beiseite, denn „den Urlaub haben wir uns schließlich verdient". Dabei schließen sich Reisen und Nachhaltigkeit keinesfalls aus. Im Gegenteil, umweltbewusstes Reisen mit Kindern hat viele Vorteile.

Wir alle brauchen Urlaub. Urlaub ist wichtig, damit wir uns erholen können und eine Pause vom durchgetakteten Familienalltag bekommen. Im Urlaub nehmen wir uns Zeit für uns und unsere Kinder, ohne dass bereits das nächste To Do auf uns lauert.

Den perfekten nachhaltigen Urlaub gibt es nicht. Es ist aber nicht wahr, dass sich Urlaub und Nachhaltigkeit ausschließen. Es ist auch nicht kompliziert, diese beiden Themen zu verbinden – und ja, wir sollten auch im Urlaub darüber nachdenken, wie wir mit dieser Erde und ihren Ressourcen umgehen. Eine grüne Reise hat viele Facetten, von der Wahl des Urlaubslandes über die Anreise bis hin zur Unterkunft.

Ich kann dir eines versichern: Urlaub grün zu denken ist eine Bereicherung. Ein nachhaltiger Urlaub bedeutet Entschleunigung, schont den eigenen Geldbeutel und respektiert die Menschen und die Natur im Urlaubsland gleichermaßen. Probiere es aus.

Die große Urlaubs-Familienkonferenz

Bevor ihr euren nächsten Urlaub plant, berufst du eine große Urlaubs-Familienkonferenz ein. Ich bin ein großer Fan davon, auch die Kinder mit in die Planung einzubeziehen. Ein Urlaub ist schließlich für alle da und sollte die Bedürfnisse von allen Familienmitgliedern berücksichtigen. Übrigens auch deine eigenen. Wenn du einem Urlaub auf dem Bauernhof oder in Familienhotels nichts abgewinnen kannst, dann solltest du deine freien Tage auch nicht dort verbringen.

Bei der Familienkonferenz geht es allerdings gar nicht darum, schon konkret in die Planung einzusteigen. Es geht darum, das Thema Urlaub von verschiedenen Seiten zu beleuchten und am Ende zu schauen, wohin ihr für eure persönlichen Urlaubswünsche reisen bzw. fliegen müsst oder ob ihr nicht auch in der Nähe eure Vorstellung von Urlaub verwirklichen könnt.

> **WAS WÜNSCHT IHR EUCH VON EUREM URLAUB?**
> - Was ist euch bei einem Urlaub wichtig? Zum Beispiel Zeit für Erholung, Abenteuer, Natur, Stadt, Bewegung, Wasser, Wärme, Kultur, Städte, Ruhe, Action, soziale Kontakte.
> - Was davon findet ihr nur auf einer Fernreise und was auch in der Nähe?
> - Welche Gefühle sind euch wichtig? Freiheit, Abenteuer, Ruhe, Glück, Inspiration?
> - Welche Emotionen verbindest du mit dem Urlaub aus deiner eigenen Kindheit? Woran kannst du dich noch gut erinnern? Was davon möchtest du deinen Kindern mitgeben?
> - Welche Rolle spielen soziale Medien, Werbung und Statusdenken bei deiner bisherigen Urlaubsplanung?
> - Frage deine Kinder, wie sie am liebsten unterwegs sind: mit dem Auto, dem Zug, dem Bus, dem Flugzeug?

Das bedeutet nachhaltiges Reisen

Nachhaltiges Reisen bedeutet, dass wir möglichst CO_2-neutral unterwegs sind, um die Belastungen für das Klima gering zu halten. Es bedeutet aber auch, dass wir neben der An- und Abreise die sozialen und wirtschaftlichen Auswirkungen unseres Aufenthaltes vor Ort berücksichtigen. Wo wir übernachten und wie wir uns im Urlaubsland verhalten ist ebenso wichtig, wie sich die Frage zu stellen, wie im gewählten Reiseland mit den Menschenrechten umgegangen wird.

Der Tourismus ist weltweit ein wichtiger Wirtschaftssektor, er muss aber nachhaltig gestaltet sein, denn er ist ein Mitverursacher des Klimawandels und somit direkt von der Klimaveränderung betroffen. Auch wenn sich Nachhaltigkeit und Reisen nie vollständig vereinen lassen, so können wir eine Reise so grün wie möglich gestalten. Eine grüne Reise ganzheitlich gestaltet, wirkt sich positiv auf die Umwelt aus, aber auch auf die lokale Wirtschaft und Kultur.

MITMACH-IDEE FÜR KINDER: ZUGFAHRT AUSTESTEN
Seid ihr schon einmal gemeinsam mit euren Kindern Zug gefahren? Wenn nicht, dann unternehmt einen Ausflug mit diesem Verkehrsmittel und testet aus, wie sich das Reisen per Zug als Familie anfühlt.

Die Sache mit den Flugreisen

Du kannst es drehen und wenden, wie du willst: Fliegen ist die klimaschädlichste Fortbewegungsart, um von A nach B zu kommen. Eine Flugreise schadet dem globalen Klima und damit vor allem auch den Menschen, die sich nie einen Flug leisten können. Ist das gerecht? Die Antwort kannst du dir sicher selbst geben.

Auch wenn die Fakten gegen eine Flugreise sprechen, ist es bei diesem Thema oft schwierig, sachlich zu bleiben und rationale Entscheidungen zu treffen, da wir so viele Emotionen mit einer Urlaubsreise verbinden. Vor allem mit dem Urlaub, den wir mit dem Flugzeug antreten. Während Familien in vielen Lebensbereichen ein grünes Umdenken nicht als Verzicht sehen, die Möglichkeit zu sparen begrüßen und ihnen die positiven Auswirkungen auf die Gesundheit aller Familienmitglieder einleuchten, ist das bei einer Flugreise meistens anders. Wer sich einen Flug leisten kann, der fliegt in den Urlaub. Weil er es sich verdient hat. Weil es doch ohnehin alle machen. Weil eine Fernreise ein Statussymbol ist. Fliegen ist so vieles, aber eben nicht nachhaltig.

Dazu kommt, dass die menschliche Psyche nicht immer vernünftig ist. Du und deine Familie, ihr verzichtet fast komplett auf Fleisch, ihr fahrt weniger Auto und putzt eure Zähne mit einer Bambuszahnbürste. Ab und zu kauft ihr Kleider auf dem Flohmarkt ein und es kommt überwiegend Bio-Gemüse in euren Einkaufswagen. Dafür fliegt ihr eben zweimal im Jahr in den Urlaub. Und hier ist das Problem. Unsere Psyche verführt uns dazu, Einsparungen einfach aufzuheben. Wir leben einen nachhaltigen Lebensstil und belohnen uns auf der anderen Seite mit weniger nachhaltigen Dingen wie einer Flugreise. Dieser sogenannte Rebound-Effekt hat dann zur Folge, dass wir, trotz unseres grünen Lebensstils, wenig für die Umwelt und das Klima erreicht haben oder unser ökologischer Fußabdruck noch größer wird.

DER CO_2-FLUG-FUSSABDRUCK

Ein Flug von Frankfurt nach Mallorca verursacht pro Person eine Klimawirkung von rund 0,5 t CO_2, nach Kapstadt 4,7 t CO_2 und auf die Malediven 3 t CO_2. Mit einem Mittelklassewagen könntest du dafür mehr als 2.400 km, 21.900 km und 15.000 km fahren. Unser persönliches CO_2-Ziel pro Jahr sollte übrigens bei 1 Tonne liegen.

Egal, wie du zum Thema Flugreise stehst, leg das Buch jetzt nicht weg. Im folgenden Kapitel gibt es Tipps, wie du trotz einer Flugreise nachhaltig reisen kannst.

Nachhaltige Urlaubs-Tipps für Familien

Urlaub ist ein emotionales Thema, und auch wenn gerne mehr Menschen ihren Urlaub unter nachhaltigen Aspekten gestalten möchten, setzen überraschend wenige dieses Vorhaben um. Dabei ist es vor allem für Familien einfach, Reisen und Nachhaltigkeit zu verbinden, denn mit dem ersten Kind wird der Urlaub in der Regel langsamer und bewusster, und genau diese beiden Faktoren bergen ein großes Potenzial für einen grünen Urlaub.

Die folgenden Tipps helfen dir dabei, auch im Urlaub deinen nachhaltigen Lebensstil fortzusetzen.

Reiseziele mit Bedacht wählen

Habt ihr gemeinsam als Familie die Frage beantwortet, was euch im Urlaub wichtig ist, dann geht es los mit der Suche nach einem passenden Reiseziel.

> **FAUSTREGEL FLUG VERSUS AUTO BZW. BAHN UND BUS**
> Als Faustregel gilt, dass du für einen Urlaub, der nicht mehr als 700 Kilometer von deinem Wohnort entfernt liegt, auf das Flugzeug verzichten kannst. Und da haben wir in Europa einen riesigen Vorteil. Ziehe einen Kreis mit einem Radius von 700 km um dein Zuhause und du kannst so ziemlich alles haben: Kultur, Stadt, Strand, Berge.

Die eigene Region entdecken: Stellt euch die Frage: Müsst ihr überhaupt weit wegfahren? Was ist mit den Angeboten in der eigenen Region? Wie gut kennt ihr euch hier aus? Es macht wahnsinnig viel Spaß, etwas über die Geschichte, Kultur und Besonderheiten in der unmittelbaren Umgebung zu erfahren und das Ganze mit einem erholsamen Urlaub zu verbinden. Eine kurze Anreise spart außerdem viel Zeit, Nerven und Geld.

Vermeide Massentourismus-Ziele: Der Massentourismus ist unter nachhaltigen Aspekten problematisch zu sehen. Wenn eine große Anzahl Reisender zu den gleichen Urlaubszielen fährt, dann stößt die Infrastruktur dieser Orte schnell an ihre Grenzen. Das führt dazu, dass viel Abwasser und Müll in der Natur landen, aber es führt auch zu steigenden Mietpreisen, sodass die Einheimischen keinen bezahlbaren Wohnraum mehr finden. Investiere in die Suche nach einem ruhigen Urlaubsziel lieber ein bisschen mehr Zeit. Das bringt dir vor Ort mehr Erholung, ist nachhaltiger und meistens auch günstiger.

Wie viel Zeit bringst du mit? Die Entfernung eures Reiseziels sollte in einem vertretbaren Verhältnis zur Urlaubslänge liegen. Ein Flug für ein verlängertes Wochenende nach Mallorca hat absolut nichts mit Nachhaltigkeit zu tun. Vier Wochen Elternzeit in Südafrika stehen da schon in einem anderen Verhältnis.

Informiere dich über das Reiseziel. Bei der Wahl eines Urlaubsziels solltest du dir auch ehrlich folgende Fragen stellen: Wie ist es im Reiseland um die Menschenrechte bestellt? Gibt es dort Kinderarbeit, auch im Bereich Tourismus? Wie werden dort Angestellte entlohnt? Werden Tiere für Touristen ausgebeutet?

Die grüne Reisezeit

Hast du die Möglichkeit, in der Nebensaison zu reisen? Dann nimm diese Möglichkeit in Anspruch. Das spart dir nicht nur eine Menge Geld, sondern führt auch dazu, dass die Menschen vor Ort über die Hauptsaison hinaus ein Einkommen erzielen. Auch das gehört zu einer nachhaltigen Reise.

Die nachhaltige Anreise

Wie du anreist, macht einen großen Unterschied in Bezug auf einen grünen Urlaub. Neben dem Flugzeug gibt es verschiedene weitere Möglichkeiten, an ein Urlaubsziel zu kommen: das Auto, die Bahn, der Fernbus und natürlich auch das Fahrrad für eine Urlaubsreise in der näheren Umgebung. Eine minimalistische Packweise ist für letzteres allerdings Voraussetzung.

Ich kann dir nur empfehlen, die Anreise als Teil des Urlaubes zu sehen. Die meisten Kinder finden eine Bahnfahrt wahnsinnig spannend, und in Sachen Bewegungs- und Beinfreiheit ist sie gegenüber jedem anderen Verkehrsmittel unschlagbar.

Kleiner Tipp am Rande: Packe weniger ein. Weniger Gewicht, zum Beispiel im Auto, verringert den Energieverbrauch.

Anreise mit dem Flugzeug

Eine Flugreise ist nie nachhaltig, denn du hinterlässt einen großen CO_2-Fußabdruck. Wenn es aber doch eine Flugreise sein muss, dann kannst du den Schaden ein wenig begrenzen.
- **Denk um.** Du willst in den Urlaub fliegen? Dann sehe eine Flugreise nicht als normal an, sondern als das, was sie ist: etwas Besonderes. Viele Menschen werden sich niemals einen Flug leisten können, leiden aber trotzdem unter den Folgen der Luft- und

Lärmverschmutzung. Zwei oder mehr Flugreisen im Jahr passen nicht zu einem grünen Leben. Auch das verlängerte Wochenende auf Mallorca oder in London nicht. Nachhaltig reisen bedeutet, seltener (oder gar nicht) zu fliegen und längere Zeit am Urlaubziel zu verbringen.

- **Buche einen Direktflug:** Buche immer die direkte Verbindung, auch wenn Umwege manchmal günstiger sind. Jeder eingesparte Flugkilometer spart CO_2.
- **Kompensiere deinen Flug:** Das bedeutet, dass du die Menge an CO_2, die dein Flug verbraucht, in Form einer Geldspende an ein Klimaschutzprojekt investierst, das CO_2 bindet. Dazu suchen Firmen wie Atmosfair und myclimate Deutschland passende Projekte für dich.

> **WENN DU EIN BISSCHEN MEHR MÖCHTEST**
> Du kannst natürlich nicht nur eine Flugreise kompensieren. Auch eine Autoreise, eine Reise mit dem Bus oder euer komplettes CO_2-Budget eines Jahres kannst du kompensieren. Wie hoch euer ungefährer ökologischer Fußabdruck ist, könnt ihr online auf der Seite des Umweltbundesamtes berechnen lassen.

Grüne Unterkünfte buchen

Am Urlaubsziel angekommen, lässt sich durch die Wahl einer grünen Unterkunft ein nachhaltiger Lebensstil auch auf Reisen umsetzen. Frage dich vor deinem Urlaub: Welche Unterkunft passt zu uns als Familie? Welcher Standard ist uns wichtig, auf welche Ausstattung können wir verzichten? Das erleichtert dir die Suche.

So erkennst du eine grüne Unterkunft

- Klasse statt Masse: Ein kleines oder mittelgroßes Hotel gehört meist direkt den Betreibern, die aus der Region kommen. Dadurch kommt das Geld, das du für eine Übernachtung zahlst, auch direkt der Region zugute. Bei großen Hotelketten kannst du nicht immer davon ausgehen.
- Bietet deine Unterkunft Essen an, dann kannst du dich darüber informieren, ob sie Wert auf regionale und saisonale Bio-Produkte legt und eine Auswahl an vegetarischen und veganen Gerichten anbietet.
- Findest du auf der Website Informationen, wie die Wärme und der Strom, die das Hotel benötigt, gewonnen werden?
- Bietet das Hotel einen Preisrabatt an, wenn Hotelgäste mit der Bahn anreisen? Ja, das gibt es, wenn auch (noch) sehr selten.
- Ist die Nachhaltigkeit fester Bestandteil der Unternehmensphilosophie? Das bedeutet zum Beispiel auch, dass die Mitarbeiter*innen fair bezahlt werden.

Es gibt noch eine ganze Reihe weiterer Punkte, die eine Unterkunft zu einer grünen Unterkunft machen. Dazu gehören viele Dinge, die vor allem hinter den Kulissen passieren, wie das Abfallmanagement, die verwendeten Waschmittel usw.

In der Tourismusbranche gibt es Siegel und Zertifikate, die nachhaltige Unterkünfte auszeichnen und dir als Orientierungshilfe dienen können. Besonders bekannt ist das TourCert Zertifikat. Es ist ein vertrauenswürdiges, transparentes Zertifikat für nachhaltige Reiseziele, Hotels und Reisen mit klaren Kriterien.

Ein Gedanke zu den Siegeln: Kleine Hotels können sich nicht immer teure Siegel leisten, tun aber dennoch viel für den Umweltschutz und die Region. Sie sind vielleicht sogar nachhaltiger als manche Hotels, die viel Geld in grünes Marketing investieren.

Auf der Buchungsplattform booking.com können Unterkünfte sich mit einer Kennzeichnung für nachhaltigeres Reisen auszeichnen lassen. Die Website der Unterkunft selbst bietet sicherlich ebenfalls Informationen zu den eigenen Nachhaltigkeitsbemühungen.

Nachhaltig im Urlaubsland

Neben der Anreise und der Unterkunft kannst du durch dein eigenes Verhalten vor Ort deinen Urlaub grüner gestalten. Du bist in der Verantwortung, ein Gast zu sein, der die Region und Bevölkerung durch seinen Besuch unterstützt, mit den dortigen Ressourcen verantwortungsvoll umgeht und die Natur schützt.

- Öffentliche Verkehrsmittel nutzen. In vielen Regionen sind diese mit der Gästekarte kostenlos.
- Strom sparen (Klimaanlage auslassen) und Wasser sparen (duschen statt baden)
- In lokalen Restaurants essen statt in Fast-Food-Ketten
- Auf Plastiktüten verzichten und Stoffbeutel dabeihaben
- Wasserflaschen zum Auffüllen mitbringen
- Souvenirs aus dem Land kaufen und nicht aus Fernost
- Aktivitäten ohne Motor, wie wandern, paddeln, segeln, Fahrrad fahren unternehmen
- Keinen Müll in die Natur schmeißen und auf den ausgewiesenen Wegen bleiben
- Kulturelle Regeln vor Ort respektieren
- Im Hotel nicht täglich ein frisch gewaschenes Handtuch verlangen

Wissen für Kids

Ein nachhaltiger Urlaub steht und fällt ganz häufig mit der Anreise. Wenn deine Kinder also neugierig fragen, warum ihr eigentlich nicht in den Urlaub fliegt und du mit ihnen über nachhaltige Mobilität und den ökologischen Fußabdruck sprechen möchtest, dann schaut euch gemeinsam den Abschnitt → „Das bedeutet nachhaltig Reisen" und → „Wissen für Kids: Klimawandel-Know-how" an.

Nachhaltig packen für den Urlaub

Egal ob für Kleidung, Equipment oder die Hygiene, wir strapazieren die Urlaubskasse schon vor dem Urlaub, denn in dieser schönen Zeit darf es uns an nichts fehlen. Geldbeutel und Umwelt sind von solchen Hauruck-Käufen wenig angetan. Der Koffer lässt sich auch unter nachhaltigen Aspekten packen.

1. Gebraucht statt neu: UV-Schutzkleidung, Badekleidung, Kindersonnenbrillen, Badeschuhe usw. All diese Dinge sind ziemlich unkaputtbar und online in einer guten Qualität zu bekommen.
2. Lieblingskleid statt Modeneuheit: Kinder brauchen im Urlaub meist nicht viel, und worauf sie wenig Wert legen, ist die neueste Mode. Sie fühlen sich in ihren Lieblingsklamotten am wohlsten. Diese sind schon reichlich abgetragen? Das macht nichts. Du machst deinen Kindern ein riesiges Geschenk, wenn du die „alten Klamotten" einpackst, in denen sie nach Herzenslust toben und spielen dürfen. Und zwar ohne dass du sie ständig daran erinnerst, sich ja nicht schmutzig zu machen oder auf das neue Kleid aufzupassen.
3. Leihen statt kaufen: Fragt im Freundeskreis herum, wer z. B. eine Strandmuschel im Keller liegen hat und nicht benötigt. Das Gleiche gilt für Tragerucksäcke, Isomatten, Sonnenschirme, Babyreisebetten, Fahrradanhänger usw.

So könnt ihr dranbleiben

Wenn die Lust auf
Nachhaltigkeit nachlässt
184–185

Apps für deinen
grünen Alltag
186–187

Gut kontern und Mut machen
188–196

WENN DIE LUST AUF NACHHALTIGKEIT NACHLÄSST

„Mama, ich will ein Schnitzel", oder anders gesagt: Deine Kinder haben keine Lust mehr auf ein grünes Leben. Ist es nicht das Schnitzel, dann vielleicht die Enttäuschung über die Geburtstagsdekoration, die weniger üppig ausfällt als bei der besten Freundin, oder darüber, dass du dich weigerst, die detailgetreuen Plastiktiere zu kaufen. Mach es dir und deinen Kindern leicht. Ein grünes Leben hat viele grüne Facetten.

Du musst nicht immer und überall im Sinne der Nachhaltigkeit handeln. Das geht ohnehin nicht, denn du wirst ständig (Kauf-)Entscheidungen treffen müssen, die nicht grün sind. Das kann finanzielle oder zeitliche Gründe haben. Manchmal hast du aber vielleicht auch einfach Lust, deinen Kindern mit einer weniger nachhaltigen Sache eine Freude zu bereiten und ihnen einen Wunsch zu erfüllen. Das ist in Ordnung.

Mit all dem Wissen über Nachhaltigkeit ist es manchmal schwierig, den Perfektionismus in seine Schranken zu verweisen. Wir Menschen neigen gerne dazu, auf unsere vermeintlichen Fehler zu schauen, statt unsere Erfolge zu feiern. Ich bin mir sicher, dass ihr als Familie schon ganz viel für einen grünen Lebensstil getan habt. Seid stolz darauf.

Entspannt bleiben und Kompromisse finden

Unterschiede zwischen Familien sind völlig normal und deine Kinder werden jeden Tag damit konfrontiert, mehr, weniger oder andere Dinge zu besitzen als ihre Freunde oder Freundinnen. Das hat erst einmal nichts mit deinem grünen Lebensstil zu tun. Sprich mit deinen Kindern offen und entspannt darüber, dass es immer Unterschiede geben wird.

In vielen Bereichen lohnt es sich außerdem, einen grünen Kompromiss zu finden. Dein Kind macht mehr als einmal deutlich, dass ein detailgetreues Plastiktier der Wunsch Nr. 1 zum Geburtstag ist? Dann kaufe es gebraucht. Die Nutzung des Fahrrads statt des Autos ist bei euch daheim noch Neuland und findet bei den Kindern nicht immer Anklang? Dann einigt euch darauf, dass ihr das Auto erst einmal nur stehen lasst, wenn es nicht regnet.

Miteinander reden und Spaß haben

Ich finde es wichtig, mit meinen Kindern in den Bereichen, die sie direkt betreffen, über meine grünen Beweggründe zu sprechen. Das passierte nahezu ständig beim Thema Essen und mindestens genauso häufig, wenn es um den Konsum geht. Denn welches Kind fragt beim Einkaufen nicht, ob es dieses oder jenes haben kann? Dieses und jenes ist meist bunt verpackt, ungesund oder aus Plastik.

Nachhaltigkeit macht zudem richtig Spaß. Der Mikroabenteuer-Ausflug am Nachmittag in die Natur, das gemeinsame Ausprobieren eines veganen Backrezeptes, das Basteln eines grünen Geburtstagsgeschenks. Es gibt so viele Dinge im Alltag, die richtig viel Spaß machen und verbinden. Da fällt die etwas „schwache" Dekoration der letzten Feier auf lange Sicht sicherlich nicht ins Gewicht.

APPS FÜR DEINEN GRÜNEN ALLTAG

Das Smartphone hilft dir, dein nachhaltiges Leben zu erleichtern. Es gibt viele nützliche Apps, für alle grünen Lebensbereiche. Mit ihnen kannst du Papiermüll reduzieren, Lebensmittelverschwendung vermeiden, leckere vegane Restaurants unterwegs finden, gebrauchte Dinge kaufen bzw. verkaufen und noch viel mehr. Auf den folgenden Seiten findest du eine Auswahl nützlicher Apps für einen grünen Alltag.

Die folgenden Apps erleichtern uns als Familie eine nachhaltige Ernährung, und selbstverständlich möchte ich dir diese hier nicht vorenthalten.

Nachhaltig essen

Too Good To Go: Hier verkaufen Restaurants oder Geschäfte unverkaufte, überschüssige Gerichte. Bevor du also Essen-To-Go holst, weil du gerade keine Zeit zum Kochen hast, schaue in der App vorbei, ob du nicht zu einem vergünstigten Preis ein Essen retten und genießen kannst.
Restegourmet: Du gibst in die App ein, welche Zutaten du noch daheim hast, und die App findet ein passendes Rezept dazu. Alternative Apps sind Zu gut für die Tonne oder Supercook-Rezeptgenerator.
Happy Cow: Mit der App Happy Cow findest du unterwegs vegane Restaurants. Eine weitere App für veganes Essen unterwegs ist vanilla bean.

Foodsharing: Auf dieser Internetplattform kannst du deine Lebensmittel, statt sie wegzuschmeißen, an andere Personen oder soziale Einrichtungen abgeben. Die passende App dazu gibt es derzeit schon als Testversion.
Saisonkalender: Wann hat eigentlich welches heimische Obst und Gemüse Saison? Ein Saisonkalender als App hilft dir bei der Beantwortung der Frage weiter.

Nachhaltig konsumieren

Ecosia: Dein nachhaltiger Browser auf dem Smartphone. Jedesmal, wenn du die Suchmaschine Ecosia nutzt, tust du der Umwelt etwas Gutes. Denn Ecosia verwendet die Einnahmen aus Suchanzeigen, um Bäume zu pflanzen.
ToxFox und CodeCheck: Mit den Apps ToxFox oder CodeCheck kannst du direkt die Barcodes von Produkten scannen und mehr über deren Inhaltsstoffe erfahren. Auch, ob sie schädliche Inhaltsstoffe enthalten.
Nebenan: Nebenan.de ist eine Community-Plattform, auf der du mit Menschen aus deinem Stadtviertel online vernetzt bist, um zum Beispiel Gegenstände zum Tauschen oder Leihen anzubieten, eine Fahrt zum Wertstoffhof zu organisieren und vieles mehr, das im Sinne der Nachhaltigkeit ist.
Kleinanzeigen: Auf Kleinanzeigen.de kannst du so ziemlich alles kaufen und verkaufen, und das ganz einfach und unkompliziert.
Vinted: Vinted ist eine Secondhand-Fashion-Community. Hier gibt es gebrauchte Kleidung, der du ein zweites Leben schenken kannst. Du kannst hier Kleidung verkaufen, kaufen, tauschen oder verschenken.
DHL, Deutsche Bahn und lokale ÖPNV-App: Was haben diese drei Apps gemeinsam? Sie sparen Papier. Egal ob Briefmarken oder Fahrscheine, beides kannst du digital kaufen.

GUT KONTERN UND MUT MACHEN

Das Thema Nachhaltigkeit ist in eurem Familienalltag immer präsenter. Ihr seid motiviert und es macht euch Spaß, grüne Alternativen auszuprobieren. Das merkt auch euer Umfeld. Sicherlich werdet ihr auch mit Gegenargumenten konfrontiert. Es ist nicht immer leicht, dabei souverän zu antworten. Nach diesem Kapitel fällt es dir bestimmt einfacher, mit Skeptikern sicher umzugehen.

Bestimmt kommt es vor, dass Familienmitglieder, Freund*innen oder auch Bekannte dir ihre Meinung zu dem Thema aufdrängen wollen und dich mit Argumenten gegen Nachhaltigkeit konfrontieren.

Grundsätzlich kannst du jede Bemerkung zu eurem grünen Leben erst einmal so stehen lassen. Du musst nicht anfangen, dich zu rechtfertigen. Vor allem dann nicht, wenn du ohnehin das Gefühl hast, dass dein Gegenüber gar nicht wirklich an deinen Beweggründen, deinen bisherigen Erfahrungen und Tipps interessiert ist.

Du hast dich für einen grünen Lebensstil in eurer Familie entschieden, lass dich also nicht beirren.

Skeptikern sicher antworten

Manchmal sind Diskussionen mit Menschen, die wenig von einem nachhaltigen Leben halten oder den Klimawandel generell leugnen, schwer zu führen.

Es kommt häufig vor, dass Gegner*innen angebliche Fakten zum Klimawandel kennen, die sie in einem Gespräch anbringen. In der Regel sind diese Fakten Ausnahmen oder werden in den falschen Kontext gesetzt. Wenn du das allerdings nicht weißt, dann bist du erst einmal verunsichert.

Der Klimawandel, seine Auswirkungen und all unsere täglichen Entscheidungen sind in eine komplexe und vernetzte Welt eingebettet. Lass dich also nicht beirren von dieser sogenannten „Rosinenpickerei". Die folgenden fünf Infos über den Klimawandel sind Fakten, an denen es nichts zu rütteln gibt.

> **5 FAKTEN ZUM KLIMAWANDEL**
> 1. Der Klimawandel ist real.
> 2. Wir Menschen sind die Ursache.
> 3. Er ist gefährlich.
> 4. Fachleute sind sich einig, dass die Klimakrise stattfindet und dass sie vom Menschen verursacht wurde.
> 5. Wir alle können noch etwas tun.

Ein Gespräch führen, aber richtig

Falls du mit deinem Gegenüber ein Gespräch über das Thema Nachhaltigkeit und den Klimawandel führen möchtest, dann kannst du den folgenden Leitfaden als Hilfe nehmen. Sei dir bewusst, dass es meist nicht sonderlich zielführend ist, Menschen Fakten an den Kopf zu werfen. Viele reagieren außerdem verärgert, wenn du ihre Meinung infrage stellst. Das geht dir umgekehrt bestimmt genauso.

> **ANLEITUNG FÜR EIN PRODUKTIVES GESPRÄCH**
> 1. **Fragen:** Statt eine Diskussion anzufangen, wenn du mit jemandem nicht einer Meinung bist, kannst du eine ehrliche und neugierige Frage stellen.
> 2. **Zuhören:** Höre zu und stelle Folgefragen.
> 3. **Reflektieren:** Fasse das Gesagte zusammen. So zeigst du, dass du zugehört hast.
> 4. **Zustimmen:** Findet einen Aspekt, bei dem ihr beide zustimmt.
> 5. **Teilen:** Teile deine eigene Meinung.

Das sind typische Argumente, die dir vielleicht begegnen werden:

„Es bringt dem Klima überhaupt nichts, wenn wir auf einen Urlaubsflug im Jahr verzichten."

Das ist interessant. Warum denkst du das?

„Es fliegen so viele in unserem Umfeld in den Urlaub und in meiner Firma sind Business-Flüge an der Tagesordnung."

Und du hast deine Zweifel, dass dein Verzicht überhaupt einen Unterschied macht, wenn alle anderen unbeirrt weiter in ein Flugzeug steigen?

„Ja, es macht überhaupt keinen Unterschied. Da muss ein Umdenken bei den Firmen und viel mehr Menschen stattfinden."

Aha, und du denkst nicht, dass es für das Klima etwas bringt, wenn ihr mit gutem Beispiel vorangeht?

„Genau. Selbst wenn wir in diesem Jahr nicht in den Urlaub fliegen, dann wird jemand anderes das Flugticket kaufen."

Da stimme ich dir zu. Das mag für diese Urlaubssaison auf jeden Fall gelten und ja, auch Firmen sollten das Flugverhalten ihrer Mitarbeiter*innen überdenken. Wenn aber immer mehr Menschen diese Entscheidung gegen einen Flug treffen, dann wird der Markt reagieren müssen. Dazu kommt, dass du auch ohne zu fliegen einen richtig großartigen Urlaub mit deinen Kindern erleben kannst. Was spricht dagegen, es einmal auszuprobieren?

„Vielleicht überlegen wir tatsächlich, nächstes Jahr ein näheres Urlaubsziel zu wählen."

Weißt du, ich habe sehr viele Tipps für großartige Ziele in der näheren Umgebung. Eine kurze Anreise ist so viel weniger stressig. Wenn du magst, dann erzähle ich dir gerne mehr davon.

Drei häufige Argumente gegen Nachhaltigkeit. So kannst du auf sie antworten

> „Ich allein kann sowieso nichts ändern."

Das stimmt. Niemand kann allein etwas ändern, schon gar nicht bei der Klimakrise. Aber umgekehrt kannst du der Welt einiges an Schaden zufügen. Der Kauf von billigem Fleisch verursacht Tierleid, viele Autofahrten führen zu schlechter Luft, übermäßiger Konsum belastet das Klima, immer mehr Plastikmüll macht unsere Erde schmutziger und schmutziger.

Jede*r sollte sich die Frage stellen, warum er bzw. sie es nicht wenigstens versuchen möchte, einen Unterschied zu machen. Willst du darauf warten, dass die anderen den ersten Schritt machen? Willst du später nicht sagen können, dass du es wenigstens probiert hast? Die gute Nachricht ist, dass es noch nie so einfach war, nachhaltiger zu leben, und dass immer mehr Menschen ein Klimabewusstsein entwickeln und nachhaltiger leben. Von „allein" kann somit gar nicht die Rede sein.

> „Ein nachhaltiges Leben ist viel zu teuer. Ich kann mir das nicht leisten."

Warum glaubst du, dass ein nachhaltiges Leben teuer ist? Weil die meisten Bio-Lebensmittel teurer sind als konventionell hergestellte Lebensmittel? Nachhaltig leben bedeutet nicht, nur noch Bio-Lebensmittel einzukaufen.

Es gibt viele Stellschrauben in vielen Bereichen, bei denen du richtig Geld sparen kannst. Nachhaltig leben bedeutet auch, Energie, Wasser und Sprit zu sparen. Es bedeutet, ganz bewusst nur noch Dinge zu konsumieren, die du wirklich brauchst. Wer ein grünes Leben führt, kauft gebraucht richtig tolle Klamotten günstig ein, der repariert und leiht, statt neu zu kaufen. Der trinkt Leitungswasser, der verschenkt Zeit statt Zeug, der isst vegan und kennt richtig leckere neue Rezepte.

Grundsätzlich darf eine faire Klimapolitik aber natürlich nicht zur Folge haben, dass alles teurer wird, sondern muss klimafreundliche Alternativen schaffen, die sich jeder Mensch leisten kann. Die Klimakrise und die soziale Ungleichheit sollten nicht gegeneinander ausgespielt werden.

> „Die Probleme haben doch auch andere Länder. Sollen die erst einmal tätig werden. Im Gegensatz zu China tragen wir doch gar nicht viel zum Klimawandel bei. Wir haben auch andere Probleme."

Das sind gleich vier Gegenargumente auf einmal, die aber gerne in einem Atemzug genannt werden.

Natürlich haben auch andere Länder mit den Folgen des Klimawandels zu kämpfen, denn diese machen ja nicht an einer Landesgrenze halt. Wer sagt, dass andere Länder nichts gegen den Klimawandel tun? Das ist schlicht nicht richtig.

Dass wir weniger zum Klimawandel beitragen als China, ist inhaltlich falsch. Deutschland hat lange Zeit sehr viel mehr zur Klimaerwärmung beigetragen, und auch wenn China uns mittlerweile überholt hat, was die CO_2-Emissionen anbelangt, so spielen wir immer noch in den traurigen Top 10 mit. Wir sind also gar nicht so ein kleiner Player, wie häufig gerne behauptet wird. Selbstverständlich muss auch in anderen Ländern weiterhin ein Umdenken stattfinden. Aber hier darf sich jede*r gerne an die eigene Nase fassen, denn unser Konsumverhalten hat einen Einfluss auf die Umweltverschmutzung und die Treibhausgasemissionen in anderen Ländern. Wer weiterhin zum billigen T-Shirt mit dem Aufdruck „Made in China" greift, der darf die Lösung der Klimakrise nicht auf eben dieses Land abwälzen.

Und ja, wir haben auch andere Probleme. Es ist völlig normal, dass wir mehrere Probleme nebeneinander haben, an deren Lösung wir gleichzeitig arbeiten.

Sei ein gutes Vorbild

Sei in Sachen Nachhaltigkeit weiter ein Vorbild für deine Kinder. Lebt euren grünen Lebensstil und habt Spaß daran. Mein Motto lautet: Vormachen statt belehren. Ein gutes Vorbild zu sein, kann so viel verändern, ganz ohne den Zeigefinger zu erheben oder zu diskutieren. Die beste Antwort auf skeptische Bemerkungen ist das Vorleben der persönlichen Vorteile eines grünen Lebens:

- Du backst nur noch vegan und dein Besuch will sofort das leckere vegane Kuchenrezept haben.
- Du fliegst nicht mehr und eure Urlaube sind genauso erholsam und aufregend wie der teure Urlaub nach einem Acht-Stunden-Flug. Das macht neugierig.
- Du besitzt weniger Sachen und hast plötzlich viel mehr Zeit, da du dich nicht ständig um etwas kümmern musst. Das merkt man dir an und vielleicht traut sich jemand, nach dem Grund zu fragen.
- Du fährst mehr Fahrrad und fühlst dich fitter und gesünder. Das können auch Außenstehende sehen.

Ängste erkennen, Mut machen

Die Erde wird immer wärmer, die Luft schmutziger, Tierarten sterben aus, es gibt Dürren, Überschwemmungen und Waldbrände. Wenn du deinen Kindern Fragen zum Thema Nachhaltigkeit beantwortest, dann ist das mitunter ein schweres Thema, das sensiblen Menschen Angst machen kann. Auch in den Medien wie Radio oder Fernsehen schnappen Kinder Informationen zum Klimawandel auf, die ihnen Sorgen bereiten. Es ist wichtig, dass du diese Sorgen erkennst und ihnen Mut machst.

Von diesen Sorgen sind nicht nur Kinder betroffen. Bei der Recherche und dem Schreiben dieses Buches habe ich mich selbst mehr als einmal in einer Spirale aus angstmachenden Gedanken und einem lähmenden Gefühl von Ohnmacht wiedergefunden. Dazu die traurige Erkenntnis über die Ungerechtigkeit, die mit diesem Thema einhergeht.

Rituale für mehr Sicherheit

Rituale schaffen Vertrauen und Geborgenheit. Wenn ihr bis jetzt noch kein Ritual habt, das deinen Kindern hilft, mit Sorgen oder Ängsten umzugehen, dann kannst du jetzt damit anfangen. Egal ob Kuscheln, Vorlesen oder gemeinsam wild zu lauter Musik tanzen, ein Ritual schafft Sicherheit.

Informationen geben und ins Tun kommen

Je besser wir informiert sind, desto besser wissen wir, wie wir ein Problem angehen können. Ins Machen zu kommen, um ein Problem zu lösen, kann gegen Sorgen helfen. Genau dafür ist dieser Ratgeber gedacht.

Positive Antworten auf Sorgen und Ängste finden

Die Klimakrise macht Angst, sie ist ungerecht und unsere Bemühungen wirken wie ein Tropfen auf den heißen Stein. Egal, wie tief oder oberflächlich du mit deinen Kindern in das Thema einsteigst, du wirst es nicht schaffen, es von ihnen fernzuhalten. Es ist wichtig, dass du erkennst, wenn deinen Kindern das Gehörte Angst macht, und dass du mit ihnen darüber sprichst.

„Ich habe Angst, dass wir Menschen aussterben."

„Nein, wir werden nicht so schnell aussterben. Wir haben ganz viele Hilfsmittel, die uns beim Überleben helfen."

„Ich bin traurig und niedergeschlagen. Es passieren so viele schlimme Dinge wie Stürme, Waldbrände, Überschwemmungen."

„Das stimmt. Aber es passieren auch sehr viele gute Dinge, denn es arbeiten gerade sehr viele Menschen daran, die Natur zu schützen."

„Ich habe das Gefühl, dass wir nichts verändern können."

„Das Verhalten einer Person kann tatsächlich nicht die ganze Welt verändern, und das fühlt sich frustrierend an. Es ist aber richtig wichtig, dass wir als Familie auf die Erde aufpassen, denn das machen sehr viele andere Familien gerade auch."

„Ich denke, wir machen nicht genug."

„Wir als Familie machen genau die Dinge, die wir jetzt gerade tun können."

ALLES AUF EINEN BLICK: 200 GREEN FAMILY TIPPS

Und das Beste kommt zum Schluss: 200 verschiedene Tipps für ein nachhaltiges Familienleben auf einen Blick findest du auf den folgenden Seiten. Fang einfach an, denn jeder Schritt zählt. Noch mehr Inspiration, Tipps und genauere Informationen findest du in den einzelnen Kapiteln.

1. Setze dir ein kleines, erreichbares Ziel statt ein zu großes
2. Lege mit den Kindern einen Klima-Retter-Tag pro Woche fest
3. Rechne den eigenen CO_2-Abdruck aus
4. Mache ein Treibhaus-Effekt-Experiment

Nachhaltige Ernährung

5. Erstellt gemeinsam einen wöchentlichen Essensplan
6. Führt Veggie-Tage ein
7. Kocht oder backt Lieblingsessen in der veganen Variante
8. Hängt einen Saisonkalender auf
9. Macht vegane Leckereien wie Kuchen und Eis selbst
10. Kocht frisch, statt Fertigprodukte zu kaufen
11. Friert kleine Portionen für Kind-Krank-Tage ein
12. Leiht ein veganes Kochbuch in der Bücherei aus
13. Schreibt Einkaufszettel, vermeidet Lebensmittelverschwendung
14. Geht zusammen einkaufen
15. Geht auf eine Obstreise: Schaut gemeinsam, wo das Obst im Supermarkt überall herkommt
16. Kauft nur ein, was ihr wirklich braucht
17. Kauft regional ein (Obst, Gemüse und Getränke)

18 Kauft saisonal ein
19 Kauft kein Obst aus Übersee
20 Geht einkaufen mit Stoffbeutel
21 Habt einen Stoffbeutel für den Bäcker dabei
22 Kauft Obst und Gemüse lose oder habt ein Mehrwegnetz dabei
23 Kauft Bio-Produkte mit bekannten Siegeln
24 Kauft unperfektes Obst und Gemüse, es wird sonst weggeschmissen
25 Kauft Fleisch, Wurst und Käse unverpackt an der Theke
26 Trinkt Leitungswasser, statt Wasserflaschen zu kaufen
27 Geht im Bio-Supermarkt einkaufen
28 Kauft Kaffee und Schokolade mit dem Fairtrade-Siegel
29 Vermeidet unnötige Autofahrten zum Supermarkt
30 Öffnet das Kühlregal nur kurz
31 Probiert die vegane Variante eines Produktes aus
32 Geht mit dem Fahrrad einkaufen
33 Verzehrt weniger Butter, Rindfleisch, Käse, Sahne, Tiefkühl-Pommes, Schokolade, Schweinefleisch und Geflügel
34 Probiert Hafermilch aus
35 Kauft Imkerhonig aus der Region
36 Pflückt Erdbeeren direkt vom Feld
37 Besucht ein Blütenfest
38 Kauft Obst und Gemüse und macht es haltbar
39 Bezieht eine lokale Öko-Kiste
40 Lagert Lebensmittel richtig
41 Plant Reste-Tage ein, statt Essen wegzuschmeißen
42 Probiert Lebensmittel mit überschrittenem Mindesthaltbarkeitsdatum, ob sie noch gut sind
43 Nutzt keine Frischhalte- oder Alufolie
44 Benutzt Schraubgläser zum Einfrieren statt Gefrierbeutel
45 Heizt den Backofen nicht vor
46 Verwendet eine Backmatte statt Backpapier
47 Kocht mit Deckel auf dem Topf
48 Backt altes Brot wieder auf

Alles auf einen Blick: 200 Green Family Tipps

49 Kocht gemeinsam mit euren Kindern
50 Installiert die Too Good to Go App und rettet ein Essen vor dem Wegschmeißen

Bewusster Konsum

51 Konsumiert bewusst
52 Ausmisten statt Neukaufen
53 Mistet mit „Mal Sehen"- und „Kann weg"-Box aus
54 Kauft Dinge und Kleidung gebraucht
55 Kauft weniger
56 Fragt euch vor jedem Kauf: „Brauche ich das wirklich?"
57 Leihen statt kaufen, mieten statt besitzen
58 Könnt ihr kaputte Dinge noch reparieren?
59 Bevor etwas im Müll landet: Kann es noch repariert, verkauft oder verschenkt werden?
60 Macht eine Minimalismus-Challenge
61 Für jede Sache, die ihr kauft oder geschenkt bekommt, muss eine Sache gehen
62 Geht in die Bücherei
63 Nutzt die Bücherei der Dinge
64 Achtet bei Kleidung auf nachhaltige Materialien
65 Kauft neue Kleidung bei nachhaltigen Labels ein
66 Reduziert den Kauf von synthetischer Kleidung
67 Nutzt für synthetische Wäsche einen Waschbeutel gegen Mikroplastik
68 Achtet beim Spielzeugkauf auf Nachhaltigkeit
69 Kennt Siegel wie Blauer Engel, EU Ecolabel oder FSC, um nachhaltige Produkte zu erkennen
70 Kauft lokal, wenn es eure Wohnsituation zulässt
71 Gestaltet euren Online-Einkauf nachhaltig: Vermeidet Rücksendungen und hebt den Karton auf
72 Schaut genau hin, informiert euch und erkennt so Greenwashing

Grünes Müll-Management

73 Trennt Müll richtig
74 Frischt euer Wissen über die richtige Mülltrennung auf
75 Beklebt eure Mülltonnen mit Symbolen für den jeweiligen Müll
76 Verwendet keine Bio-Müllsäcke für den Biomüll
77 Organisiert eine Fahrt zum Wertstoffhof
78 Informiert euch auf FairWertung über faire Altkleidersammlungen in eurer Nähe
79 Kauft haltbare Lebensmittel in der Großpackung
80 Nachfüllbeutel reduzieren das Verpackungsmaterial
81 Nutzt wiederverwendbare Kaffeebecher
82 Habt immer eine nachfüllbare Wasserflasche dabei
83 Nehmt eine Brotbox mit verpackungsfreien Snacks mit
84 Bringt ein „Bitte keine Werbung"-Schild an eurem Briefkasten an
85 Kauft nur noch recyceltes Papier
86 Probiert einen Einkauf in einem Unverpackt-Laden aus
87 Sammelt Papierreste, die noch zum Malen oder Basteln geeignet sind, in einer Box
88 Zieht einmal die Woche gemeinsam Müll-Bilanz
89 Bereitet gemeinsam verpackungsfreie Snacks zu
90 Bemalt Stoffbeutel für den Einkauf beim Bäcker
91 Verwendet Papiertüten öfters
92 Schaut beim Einkauf nach verpackungsfreien bzw. plastikfreien Alternativen
93 Werft keinen Müll in die Natur
94 Sammelt gemeinsam Müll in der Natur
95 Esst ein Eis in der Waffel und kein abgepacktes Eis
96 Spart Papiermüll mit Apps für Briefmarken und Fahrkarten

Klimafreundliche Mobilität

97 Führt gemeinsam ein Fahrtenbuch
98 Bestimmt autofreie Tage in der Woche
99 Ersetzt eine bestimmte Autofahrt dauerhaft
100 Fahrt mehr Fahrrad
101 Bastelt einen Fahrrad-Stempel-Pass
102 Geht öfters zu Fuß
103 Nutzt regelmäßig öffentliche Verkehrsmittel
104 Bildet Laufgemeinschaften
105 Informiert euch über Bike-Leasing
106 Überprüft den Reifendruck deines Autos
107 Vorausschauend fahren bedeutet nachhaltig fahren
108 Bildet Fahrgemeinschaften mit Arbeitskolleg*innen
109 Nutzt Home-Office-Tage und lasst das Auto stehen
110 Probiert Carsharing aus. Ja, das geht auch mit Kindern

Green-Family-Badezimmer

111 Kauft Kosmetik und Pflegeprodukte mit Bedacht
112 Informiert euch über die Inhaltsstoffe mit Apps wie ToxFox oder CodeShare
113 Kauft zertifizierte Naturkosmetik
114 Stellt Badebomben selbst her
115 Kauft recyceltes Klopapier
116 Benutzt die Spartaste der Toilette
117 Ersetzt Einwegprodukte im Bad durch Mehrwegprodukte
118 Benutzt feste Seifen und Shampoos. Das können auch schon Kinder
119 Verwendet Zahnbürsten, die nicht aus Plastik sind
120 Nutzt reines Kokosöl für eure Familienhautpflege
121 Kauft keine kleinen Kosmetikdöschen
122 Putzt mit selbst hergestelltem Putzmittel

Energie und Wasser sparen

123 Wählt einen echten Ökostrom-Anbieter
124 Spart virtuelles Wasser
125 Erhitzt Wasser im Wasserkocher
126 Duscht kürzer. Stellt euch eine Stoppuhr und schaut, wer am schnellsten duschen kann
127 Badet weniger
128 Stellt das Wasser beim Einseifen (Hände, Körper, Haare) ab
129 Lasst das Wasser nicht beim Zähneputzen laufen
130 Nutzt eine Sparbrause
131 Lernt gemeinsam richtig Wäsche zu waschen und ernenne ein Kind zum Wäsche-Minister.
132 Achtet bei Neuanschaffungen auf Energieeffizienz
133 Ersetzt Glühbirnen durch LED-Beleuchtung
134 Brauchst du dieses Elektrogerät wirklich?
135 Nutzt kleine Bildschirme
136 Schaltet das Licht aus, wenn niemand im Zimmer ist
137 Nutzt keine Kurzprogramme bei Wasch- und Spülmaschine
138 Macht Waschmaschine und Spülmaschine immer voll
139 Entkalkt regelmäßig
140 Taut den Gefrierschrank regelmäßig ab
141 Ladet den Handyakku nie zu voll
142 Zieht den Stecker von elektrischen Geräten, wenn ihr nicht da seid
143 Leiht euch ein Strommessgerät und werdet zu Energiedetektiven
144 Nehmt die Nutzung eurer Elektrogeräte unter die Lupe
145 Heizt die Wohnung nicht zu sehr
146 Macht die Tür zu, wenn ihr ein Zimmer im Winter nicht benutzt
147 Lasst Räume nie ganz auskühlen
148 Haltet eure Heizkörper frei
149 Schließt nachts Rollläden und Vorhänge
150 Stoßlüften, statt Fenster kippen
151 Seid häufiger offline
152 Nutzt lieber WLAN statt mobiler Daten

Alles auf einen Blick: 200 Green Family Tipps 203

Gemeinsam aktiv

- **153** Verkauft Spielsachen und Kleider auf dem Flohmarkt
- **154** Vernetzt euch mit den Nachbarn, um zu tauschen oder zu leihen
- **155** Geht auf eine Demonstration. Dort gibt es auch Familienbereiche
- **156** Organisiert eine Spielzeug-Tausch-Party
- **157** Geht auf einen Clean-Up
- **158** Vernetzt euch auf nebenan.de mit den Menschen aus dem Stadtviertel
- **159** Startet mit Kindern eine Petition
- **160** Sammelt online Spenden für ein Nachhaltigkeitsprojekt
- **161** Schreibt E-Mails an eure Stadt bzw. Gemeinde

Nachhaltig feiern

- **162** Lernt richtig zu feiern: Spaß statt Konsum
- **163** Verschenkt Zeit statt Zeug
- **164** Nutzt abbaubare Luftballons aus Naturlatex oder Kautschuk
- **165** Hängt wiederverwendbare Dekoration auf
- **166** Spielt Spiele ohne Müll: Stopptanz, Polonaise, Reise nach Jerusalem und Blinde Kuh
- **167** Verschenkt nachhaltige Mitgebsel wie Samenbomben, Saatgutkonfetti oder selbstgemachte Salzteigfiguren zum Anmalen statt Plastikspielzeug
- **168** Spendet statt Geschenke zu kaufen
- **169** Nutzt Zeitungspapier und Stoffreste statt Geschenkpapier

Natur schützen

- **170** Erlebt gemeinsam Mikroabenteuer. Nur was wir kennen und lieben, können wir nachhaltig schützen
- **171** Gärtnert zusammen
- **172** Gebt euren Kindern eine eigene Balkon- oder Gartenecke

173 Hängt ein geeignetes Insektenhotel auf
174 Schafft wilde Ecken im Garten für Insekten
175 Pflanzt Blumen, die Insekten wirklich als Nahrung dienen
176 Sammelt Regenwasser
177 Stellt eine Tränke für Vögel und Insekten auf
178 Adoptiert eine Baumscheibe
179 Schaltet Solarleuchten und Lichterketten abends aus
180 Kauft torffreie Erde
181 Gießt Bäume
182 Pflanzt online einen Baum

Green-Family-Urlaub

183 Wählt ein Reiseziel unter nachhaltigen Kriterien
184 Fliegt nicht in den Urlaub
185 Reist mit der Bahn an
186 Fahrt im Urlaub Fahrrad
187 Nutzt im Urlaub öffentliche Verkehrsmittel
188 Bucht eine grüne Unterkunft
189 Kompensiert eure Flüge oder euren kompletten CO_2-Ausstoß
190 Spart in einem von Dürre bedrohten Urlaubsland Wasser
191 Meidet Massenziele
192 Achtet die kulturellen Besonderheiten eures Urlaubslandes
193 Installiert die Happy-Cow-App, findet vegane Restaurants

Bleibt dran

194 Hört grüne Podcasts
195 Folgt nachhaltigen Familien in den sozialen Medien
196 Redet, redet und redet. Kinder haben viele Fragen
197 Bleibt euch und eurem Weg treu
198 Lebt nach euren nachhaltigen Werten
199 Macht euch bewusst: Jeder Schritt zählt. Wirklich!
200 Habt Spaß an einem nachhaltigen Leben

DANKE, DASS DU DEIN BESTES GIBST

Die Erde ist voller Wunder. Sie ist großartig und einzigartig. Wir stehen allerdings vor einer nie dagewesenen Herausforderung, und angesichts der Bedrohung durch den Klimawandel möchte man manchmal am liebsten einfach nur den Kopf in den Sand stecken. Danke, dass du das nicht tust.

Du hast dich bewusst für mehr Nachhaltigkeit im Familienalltag entschieden, denn es gibt so viele Möglichkeiten, wie du euer Familienleben klimafreundlich gestalten kannst. Du hast dich mit diesem Buch dem Thema Nachhaltigkeit außerdem von einer neuen Perspektive genähert. Du weißt nun, dass ein grünes Leben in ganz vielen Bereichen nicht mit Verzicht einhergeht. Das Gegenteil ist häufig der Fall. Ihr spart Geld, tut etwas für eure Gesundheit, auch für eure mentale, und verbringt mehr Zeit als Familie miteinander.

DU BIST GROSSARTIG
Jetzt sind wir am Ende dieses Ratgebers angekommen und es ist Zeit, dir ein großes DANKESCHÖN dazulassen. Danke, dass du jeden Tag im Rahmen deiner Möglichkeiten dein Bestes gibst, um grüner zu leben. Du bist großartig!

Du hast mit diesem Ratgeber viel über Nachhaltigkeit und grüne Produkte gelernt. Du kennst jetzt eine Menge praktischer Tipps für deinen Familienalltag, Mitmach-Ideen für deine Kinder und kannst ihnen grüne Zusammenhänge einfach erklären.

Ich lade dich mit diesem Buch dazu ein, nicht nur Nachhaltigkeit in dein Familienleben einziehen zu lassen, sondern auch einen ehrlichen Blick auf dein Kaufverhalten zu werfen. Welche Werte misst du Dingen bei? Welche Werte möchtest du deinen Kindern mit auf den Weg geben? Wir kaufen, um uns zu belohnen, wir versuchen, uns ein bisschen Glück zu verschaffen. Doch je mehr wir kaufen, desto weniger nachhaltig leben wir. Ein grünes Leben ist auch immer ein Schritt hin zu weniger Konsum und zu der wichtigen Frage: Was macht uns wirklich glücklich?

Ich möchte dir mit diesem Buch zeigen, dass Nachhaltigkeit nicht ein weiterer Punkt auf deiner To-Do-Liste ist, sondern sich in ganz vielen Bereichen einfach umsetzen lässt. Ich möchte dir mit auf den Weg geben, dass auch kleine Schritte etwas bewirken. Ich möchte dir Mut machen, das schwere und komplexe Thema Klimaschutz mit ganz vielen leichten Veränderungen anzugehen.

Am meisten wünsche ich mir, dass ein Klimabewusstsein in ganz vielen Familien einzieht. Unsere Kinder werden über kurz oder lang mit dem Thema Klimawandel in Berührung kommen. Wir sind ihre Vorbilder, wir leben ihnen Nachhaltigkeit vor. Wir sind ihre erste Anlaufstelle, um ihre Fragen zu beantworten und um ihnen ihre Sorgen zu nehmen. Wir sind dafür verantwortlich, ihnen einen lebenswerten Planeten zu hinterlassen.

Ich kann es selbst kaum glauben, dass ich ein weiteres Buch geschrieben habe. So ein Buch ist allerdings niemals das Werk einer einzelnen Person, deshalb möchte ich allen, die an seiner Entstehung beteiligt waren, ebenfalls ein großes DANKE entgegenrufen.

Danke Stefan, dass du mich auf meinem bisherigen Weg als soloselbstständige Bloggerin und Autorin immer vorbehaltlos unterstützt hast. Danke für dein Verständnis, wenn ich auch an sonnigen Sommerwochenenden in den Tiefen des Manuskripts verschwunden bin, statt mit dir und den Kindern in den See zu hüpfen oder auf Berge zu steigen.

Danke Mark und Katja vom humboldt Verlag für die erneute Chance, gemeinsam ein Buchprojekt umzusetzen, und für die von Wertschätzung geprägte Zusammenarbeit. Danke liebe Petra. Du hast auch diesem Buch als Lektorin den wichtigen Feinschliff gegeben.

Impressum

Bibliografische Information der Deutschen Nationalbibliothek
Die Deutsche Nationalbibliothek verzeichnet diese Publikation in der deutschen Nationalbibliografie; detaillierte bibliografische Daten sind im Internet über https://dnb.de abrufbar.

ISBN 978-3-8426-1735-3 (Print)
ISBN 978-3-8426-1736-0 (PDF)
ISBN 978-3-8426-1737-7 (EPUB)

Abbildungen:
Titelmotiv: Shutterstock/My Life Graphic, t.karnash, Lailul Murroh, Little River, Hibrida
Stock.adobe.com: Abunduzu: Seite 12/13, 32/33, 182/183
Deutsches Bio-Siegel Seite 55: Bundesministerium für Ernährung und Landwirtschaft
Demeter Seite 56: Demeter e. V.
Bioland Seite 56: Bioland e. V.
Naturland Seite 56: Naturland Zeichen GmbH
IVN Best Seite 7: Internationaler Verband der Naturtextilwirtschaft
Grüner Knopf Seite 78: Vergabestelle Grüner Knopf
GOTS Seite 78: Global Standard gGmbH
OEKO-TEX® MADE IN GREEN by OEKO-TEX® STANDARD 100 Seite 78: OEKO-TEX® Association
Blauer Engel Seite 80: Publicgarden GmbH
Cradle to Cradle Seite 80: Cradle to Cradle e. V.
FSC® Seite 81: FSC® Deutschland
NATRUE Seite 118: NATRUE The International Natural and Organic Cosmetics Association
TourCert Seite 179: TourCert gGmbH

Originalausgabe

© 2024 humboldt
Die Ratgebermarke der Schlütersche Fachmedien GmbH
Hans-Böckler-Allee 7, 30173 Hannover
www.humboldt.de
www.schluetersche.de

Aus Gründen der besseren Lesbarkeit wurde in diesem Buch teilweise die männliche Form gewählt, nichtsdestoweniger beziehen sich Personenbezeichnungen immer gleichermaßen auf Angehörige des männlichen und weiblichen Geschlechts sowie auf Menschen, die sich keinem Geschlecht zugehörig fühlen.
Autorin und Verlag haben dieses Buch sorgfältig erstellt und geprüft. Für eventuelle Fehler kann dennoch keine Gewähr übernommen werden. Weder Autorin noch Verlag können für eventuelle Nachteile oder Schäden, die aus in diesem Buch vorgestellten Erfahrungen, Meinungen, Studien, Methoden und praktischen Hinweisen resultieren, eine Haftung übernehmen.
Etwaige geschützte Warennamen (Warenzeichen) werden nicht besonders kenntlich gemacht. Daraus kann nicht geschlossen werden, dass es sich um freie Warennamen handelt.
Alle Rechte vorbehalten. Das Werk ist urheberrechtlich geschützt. Jede Verwertung außerhalb der gesetzlich geregelten Fälle muss vom Verlag schriftlich genehmigt werden.

Lektorat: Petra Nitsche, Bremen
Covergestaltung: ZERO Werbeagentur, München
Satz und Illustrationen: PER MEDIEN & MARKETING GmbH, Braunschweig
Druck und Bindung: gutenberg beuys feindruckerei GmbH, Langenhagen

Gedruckt mit mineralölfrei hergestellten Druckfarben und Strom aus erneuerbaren Energien. Die eingesetzten Klebe- und Bindestoffe entsprechen den derzeitigen Umweltstandards, die vom RAL Institut für Gütesicherung und Kennzeichnung geprüft wurden. Die Druckplattenentwicklung erfolgte mit reduziertem Einsatz von Chemikalien.